Einaudi Tascabili. Stile libero
487

Le commedie di Dario Fo in edizione Einaudi:

Dario Fo
Mistero buffo
Giullarata popolare

A cura di Franca Rame

Einaudi

ISBN 88-06-14831-1

Mistero buffo

ATTORE   «Mistero» è il termine usato già nel II, III secolo dopo Cristo per indicare uno spettacolo, una rappresentazione sacra.

Ancora oggi, durante la messa, sentiamo il sacerdote che declama: «Nel primo mistero glorioso... nel secondo mistero...», e via dicendo. Mistero vuol dire dunque: rappresentazione sacra; mistero buffo vuol dire: spettacolo grottesco.

Chi ha inventato il mistero buffo è stato il popolo.

Fin dai primi secoli dopo Cristo il popolo si divertiva, e non era solo un divertimento, a muovere, a giocare, come si diceva, spettacoli in forma ironico-grottesca, proprio perché per il popolo, il teatro, specie il teatro grottesco, è sempre stato il mezzo primo d'espressione, di comunicazione, ma anche di provocazione e di agitazione delle idee. Il teatro era il giornale parlato e drammatizzato del popolo.

ROSA FRESCA AULENTISSIMA

Per quanto riguarda la nostra storia, o meglio la storia del nostro popolo, uno dei testi primi del teatro comico-grottesco, satirico, è *Rosa fresca aulentissima* di Ciullo (o Cielo) d'Alcamo.

Ebbene, perché noi vogliamo parlare di questo testo? Perché è il testo piú mistificato che si conosca nella storia della nostra letteratura, in quanto mistificato è sempre stato il modo di presentarcelo.

Al liceo, al ginnasio, quando ci propongono quest'opera, ci fanno la piú grossa truffa che si sia mai messa in opera in tutta la storia della scuola.

Prima di tutto ci fanno credere che sia un testo scritto da un autore aristocratico, che, pur usando il volgare, ha

voluto dimostrare d'essere talmente dotato da tramutare
«il fango in oro». È riuscito cioè a scrivere un'opera d'arte:
grazie alla grazia di cui solo un poeta aristocratico come lui
poteva essere intriso. Tanto da far giungere un tema cosí
triviale, cosí rozzo come un dialogo «d'amore carnale», a
livelli straordinari di poesia «culta», propria della «classe
superiore»!

Ecco, dentro questo sforzo di farci passare quest'opera
come momento ispirato di un autore aristocratico, ci è capitato dentro quasi tutto, diciamo tutte le capriole e i salti
mortali dei sacri autori borghesi dei testi scolastici, dal De
Sanctis al D'Ovidio. Dirò che il primo a fare un gioco di
truffa è stato Dante Alighieri. Infatti, piú o meno esplici-
tamente, nel suo *De Vulgari Eloquentia*, dice con una certa
sufficienza che «... d'accordo, c'è pure qualche crudezza in
questo "contrasto", qualche rozzezza, ma certamente l'autore è un erudito, un colto».

Non parliamo poi di cosa hanno detto gli studiosi verso
il Settecento e l'Ottocento a proposito dell'origine «culta»
di questo testo; il massimo è successo naturalmente sotto il
fascismo, ma anche poco prima non si scherzava. Lo stesso
Croce, Benedetto Croce, il filosofo liberale, dice che indubbiamente si tratta di un autore aristocratico poiché la poesia del popolo è un fatto meccanico, cioè a dire «è un fatto
di ripetizione pedestre». Il popolo, si sa, non è capace di
creare, di elevarsi al di sopra di quello che è la banalità, la
brutalità, il volgare, e quindi riesce al massimo a copiare
«meccanicamente»; da qui il senso di «meccanico». Solo
l'autore aristocratico, colto e evoluto, ha la possibilità di
sviluppare artisticamente un tema qualsivoglia. Il popolo,
bue e becero, al massimo riesce a fare delle imitazioni. Basta, tutto lí.

A buttare all'aria tutta questa bella impostazione sono
arrivati due mascalzoni, nel senso cordiale naturalmente
della parola, mascalzoni per la cultura borghese e aristocratica: un certo Toschi e un altro che si chiama De Bartho-
lomaeis, due cattolici, per l'esattezza. Costoro hanno combinato una vera e propria carognata, cioè hanno dimostrato
che il «contrasto» in questione è un testo straordinario, ma
opera indiscutibilmente del popolo.

Come? Ecco qua, basta farne l'esame. Cominciamo col
decifrare per bene cosa dice questa giullarata (poiché quello che parla è giullare). Dice: «rosa fresca aulentissima

ch'apari inver' la state» [rosa fresca e profumata che appari verso l'estate]. Chi declama questo verso è un gabelliere, piú precisamente uno che come lavoro si preoccupa di ritirare le gabelle nei mercati. Oggi in Sicilia si chiamano «bavaresi» perché pare che l'ultima concessione fosse data da un re borbonico ai bavaresi; ma anticamente questi personaggi, che oggi si chiamano, magari, vigili urbani, si chiamavano in un modo abbastanza fantasioso: esattamente gru o grue. Perché? Perché avevano un libro, un registro, attaccato ad una coscia con una cinghia e quando dovevano ritirare i soldi per segnare l'introito e il nome e il cognome di quello che aveva versato il denaro spettante al padrone per la terra data in affitto, si mettevano in questa posizione abbastanza comoda per scrivere, cioè, appoggiavano il piede destro al ginocchio sinistro restando in piedi su di una gamba sola, appunto come le gru o gli aironi. Ora questo gru o grue si trova a fare dichiarazione d'amore ad una ragazza. E come il ragazzo, nascondendosi il libro che ha sulla coscia con una falda del mantello o con la sottana, si fa credere nobile e ricco, cosí anche la ragazza, che è affacciata ad una finestra, si fa passare per la figlia del padrone, del proprietario della casa. In verità si tratta di una donna di servizio, forse di una sguattera. Da cosa lo si capisce? Da un'ironia che fa proprio il ragazzo, che ad un certo punto dice: «di canno [da quando] ti vististi lo maiuto [vestita di maiuto, vestita di saio] | bella, da quello jorno so' feruto [ferito]». Il saio era proprio quello dei frati e anche delle suore, ma qui, in verità, il termine è canzonatorio: si allude ad una specie di grembiulone, una «pazienza» appunto, senza maniche, che, essendo naturalmente apprettata, evitava alle lavandaie di bagnarsi quando andavano alla roggia.

Ora, si sa benissimo in quale posizione si mettano le lavandaie... Oddio, lo sanno le persone che le hanno viste, le lavandaie. Oggi ci sono le lavatrici, cosí una delle cose piú belle della natura non si vede piú. Alludo a quelle rotondità oscillanti in moto che le lavandaie offrivano ai passanti.

Ecco perché il giullare, carogna, dice: «quando ti vidi nella posizione del lavare... quando avevi addosso il saio, di te m'innamorai».

S'innamorò, come dice Brecht, «di quello che il padreterno creò con grazia maestosa», io credo, nel settimo giorno, quello di riposo: giacché gli occorreva tutta la concentrazione possibile per fabbricare tanta perfezione dinamica: il perno di tutto il creato. Dunque: «del tuo perno mi innamorai».

Ora conosciamo l'origine sociale dei due personaggi: la ragazza che millanta la propria posizione aristocratica e il ragazzo che fa altrettanto.

Il ragazzo declama: «rosa fresca aulentissima ch'apari...»: è un linguaggio aulico, raffinato, proprio di chi vuol farsi passare per nobile. Egli ne fa una caricatura, ma non fine a se stessa, vedremo poi la vera ragione.

«Rosa fresca aulentissima ch'apari inver' la state, | le donne ti disiano, pulzell' e maritate». Cioè, sei talmente bella che anche le donne, pulzelle e maritate, vorrebbero fare l'amore con te. Per non parlare delle vedove! va beh... quelle è risaputo, è normale.

Ma dico, è una pazzia! Ma pensate voi, a scuola, il povero professore che dovesse spiegare le cose cosí come sono dette... «È normale, ragazzi,... nel Medioevo le donne s'accoppiavano sovente». Gli arriva un pernacchio che non finisce mai... di risate maltrattenute... viene mandato via, cacciato da tutte le scuole del regno (è proprio il caso di dire che siamo ancora un regno), e basta, è finito!

Ecco perché il povero insegnante, che fra l'altro «tiene famiglia», è costretto a mentire. Notate che questa preoccupazione di correggere la verità nasce già al momento di decifrare il soprannome dell'autore; infatti viene quasi sempre citato nei testi di scuola non come Ciullo d'Alcamo, ma come Cielo d'Alcamo.

Attenzione, i lombardi sanno cosa signifchi il termine «ciullo»: senza voler fare della scurrilità, «ciullo» è il sesso maschile. E notate che anche in Sicilia m'è capitato, ad Alcamo, di chiedere il significato di «ciullo»... ah ah ah... giú tutti a ridere! Ad ogni modo, tornando alla scuola, vi rendete conto che questo termine deve essere subito modificato, medicato, portato via, e naturalmente il professore dice: «C'è un errore».

Infatti noti ricercatori hanno fatto carte false per indicare un'altra lettura. Non potevano accettare un soprannome del genere, altrimenti si tratterebbe indubbiamente di un giullare, in quanto quasi tutti i giullari hanno soprannomi piuttosto pesantucci. Per quanto riguarda il Ruzante, per esempio, che a nostro avviso si può ben definire «l'ultimo dei giullari», il suo soprannome viene da «ruzzare».

Qualcuno che è di Padova, o delle vicinanze, sa che «ruzzare» significa «andare con gli animali»: non a spasso, ma unirsi con gli animali, nelle feste e nei periodi adatti, preferiti dai medesimi, naturalmente.

Dunque, non si può dire «ciullo». Non si può, in una scuola come la nostra, dove l'ipocrisia e la morbosità cominciano fin da quando vai all'asilo. Io sono stato all'asilo, da piccolo s'intende, e mi ricordo che quando succedeva che una bambina vedeva un bambino che faceva pipí diceva: «Oh, guarda!... suora... cos'ha quel bambino lí?» «Una brutta malattia, – rispondeva la maestra, – non guardare... via, via, fatti il segno della croce!» È la nostra scuola. E dobbiamo capire il dramma degli insegnanti.

Ora, «rosa fresca aulentissima ch'apari inver' la state | le donne ti disiano, pulzell' e maritate». Come lo risolviamo? Notate che è ancora un modo di dire, in Sicilia. A Sciacca, per fare un complimento ad una ragazza si dice: «Bedda tu si, fighiuzza, che anco altri fighiuzze a tia vurria 'mbrazzari», anche le altre ragazze vorrebbero abbracciare te, tanto sei bella. Lo dicono senza nessuna malignità, ma nella nostra scuola non si può! E allora che cosa s'inventa? Subito una virata di sessanta gradi, per poter aggiustare la faccenda. Il professore insegna (e guardate che queste sono didascalie che trovate in ogni testo): «non bisogna prendere la forma cosí, *tout court*, bisogna cercare d'individuarla. Cioè: sei talmente bella che anche le altre donne, pulzelle e maritate, vorrebbero a te assomigliare. Non *vorrebbero te*, ma *vorrebbero apparire quale tu sei*, bella, elevata in mezzo a tutte le altre donne». Cosí, subito, il ragazzo o la ragazza imparano l'ipocrisia e in casa dicono: «Mamma, desidererei una mela... no, non *desidererei* nel senso di volerla mangiare, ma *vorrei apparire* come la mela, rotonda e rossa da mordere».

Ora, andando avanti, si scopre ancora un altro gioco abbastanza brutale del modulo. Continua il testo: «*tràgemi d'este focora, se t'este a bolontate*... fammi uscire da questo fuoco, se ne hai volontà, ragazza», la prega il giovane. E si sa benissimo come riescano le ragazze a far uscire dal fuoco e dal desiderio i ragazzi, quando ne abbiano volontà: ma qui, non si dice niente... sono cose che non interessano, e si va avanti. C'è subito la risposta della ragazza, che va giú un pochettino a piedi giunti e scopre proprio poca eleganza di modi, infatti si esprime piú o meno cosí: «Puoi

andare ad arare il mare e a seminare al vento, con me a fare
all'amore non ci arriverai mai. Tutti i soldi, tutti i tesori di
questa terra puoi raccogliere, ma non ci sarà niente da fare
con me. Anzi, ti dirò di piú, che se tu insisti, io, piuttosto
di accettare di fare l'amore con te, *li cavelli m'aritonno*, mi
faccio radere i capelli, vado suora, e cosí non ti vedo piú...
ah, come starò bene!» E il ragazzo risponde: «ah sí? tu ti
vai a *aritonnere i cavelli*? E allora anch'io mi faccio tondere
il cranio... vado frate... vengo nel tuo convento, ti confes-
so... e al momento buono... *sgnácchete!*» Lo *sgnácchete*
l'ho aggiunto io, ma è implicito.

La ragazza impallidisce e urla: «Ma sei un anticristo,
sei un essere vergognoso... ma come ti permetteresti?...
Piuttosto di accettare la tua violenza io mi butto nel mare
e mi annego».

«Ti anneghi? Anch'io... no, non mi annego: mi butto
nel mare anch'io, ti vengo a prendere laggiú, nel fondo, ti
trascino sulla riva, ti stendo sulla spiaggia e, annegata come sei, *sgnácchete!* faccio all'amore».

«Con me, annegata?»

«Sí!»

«Oheau! – esclama la ragazza, con molto candore: – ma
non si prova nessun piacere a fare l'amore con le anne-
gate!»

Sa già tutto, naturalmente. Una sua cugina era annegata, è passato uno di lí, s'è guardato intorno, «Io ci provo»...
Ha provato... «Donnacore! che schifezza... meglio il pesce-
spada!»

Ad ogni modo la ragazza profondamente si scandalizza
e lo minaccia: «Senti, se tu ti provi soltanto a farmi violenza, io mi metto ad urlare, arrivano i miei parenti e ti
ammazzeranno di legnate!»

E il ragazzo risponde sbruffone (non dobbiamo dimenticare che sta recitando il personaggio del ricco aristocratico): «Se i tuoi parenti *trovanmi* che ti ho appena violentata
o che ti sto facendo violenza, e che mi posson fare? *Una
defensa mèttoci di dumili' agostari* (duemila augustari)».

Cosa vuol dire? L'augustario era la moneta di Augusto,
inteso Federico II. Infatti siamo nel 1231-32, proprio al
tempo in cui in Sicilia governava Federico II di Svevia.
Duemila augustari equivalevano, piú o meno, a settanta-
cinquemila lire odierne.

E che cosa è questa *defensa*? Fa parte di un gruppo di

leggi promulgate a vantaggio dei nobili, dei ricchi, dette
«leggi melfitane», volute proprio da Federico II, per permettere un privilegio meraviglioso a difesa della persona
degli altolocati.

Cosí, un ricco poteva violentare tranquillamente una ragazza; bastava che nel momento in cui il marito o i parenti
scoprivano la cosa, il violentatore estraesse duemila augustari, li stendesse vicino al corpo della ragazza violentata,
alzasse le braccia e declamasse: «Viva lo 'mperadore, grazi'
a Deo!» Questo era sufficiente a salvarlo. Era come avesse
detto: «Arimorta! Attenti a voi! Chi mi tocca verrà subito
impiccato».

Infatti chi toccava l'altolocato che aveva pagato la defensa veniva immediatamente impiccato, sul posto, o un
po' piú in là.

Ecco che la potete immaginare da voi tutta la scena.

Grande vantaggio per il violentatore medievale era dato
dal fatto che, allora, le tasche non facevano parte dei pantaloni. Erano staccate: erano delle borse che si appende-
vano alla cintola, il che poteva permettere una condizione
vantaggiosissima dell'amatore: nudo, ma però con la borsa. Perché, nel caso: «Ah! mio marito!» trac... defensa...
op... «Arimorta! Ecco i quattrini!» Naturalmente bisogna-
va avere i soldi contati, è logico, non si può: «Scusi, aspetti
un attimo... gli spiccioli!... Ha da cambiarmi per favore?»
Subito, subito, lí, veloci! Le madri che s'interessavano della salute dei propri figlioli, una madre nobile naturalmente,
e ricca, diceva sempre: «Esci? Hai preso la defensa?» «No
no, vado con gli amici...» «Non si sa mai, magari incon-
tri...»

Ah, perché la defensa valeva anche per la violenza a base di coltello. Uno dava una coltellata a un contadino...
zac... defensa! Che naturalmente era minore, centocinquan-
ta massimo. Se poi ammazzava l'asino insieme al contadino,
allora si faceva cifra tonda.

Ad ogni modo questo vi fa capire quale fosse la chiave
della «legge» del padrone: la brutalità di una tassa che
permetteva di uscire indenni da ogni violenza compiuta da
quelli che detenevano il potere. Ecco perché non ce lo spiegano mai questo «pezzo» a scuola.

Mi ricordo che sul mio libro di testo al liceo tutta questa
strofa non esisteva, era stata censurata. Su altri testi c'era,
ma non veniva mai spiegata. Perché? È logico! Per una ra-

gione molto semplice: attraverso questo pezzo si scopre chi
ha scritto il testo. Non poteva essere altro che il popolo.

Il giullare che si presentava sulla piazza scopriva al popolo quale fosse la sua condizione, condizione di «cornuto
e mazziato», come dicono ancora a Napoli: cioè bastonato,
oltre che cornuto. Perché questa legge gli imponeva proprio lo sberleffo, oltre che il capestro.

Ed altre ce ne erano di queste leggi bastarde. Quindi il
giullare era qualcuno che, nel Medioevo, era parte del popolo; come dice il Muratori, il giullare nasceva dal popolo
e dal popolo prendeva la rabbia per ridarla ancora al popolo mediata dal grottesco, dalla «ragione», perché il popolo
prendesse coscienza della propria condizione.

Ed è per questo che nel Medioevo ne ammazzavano con
tanta abbondanza di giullari, li scuoiavano, gli tagliavano
la lingua, per non dire di altri ornamenti. Ma torniamo al
«mistero buffo» vero e proprio.

Foto 1.   Sequenza di buffonata.

Ecco, questa è una sequenza di buffonata, cioè una specie di preparazione agli spettacoli ironico-grotteschi ai quali
partecipava anche il popolo, truccato e travestito.

Questi erano popolani... li vedete... questo camuffato
addirittura da «mammuttones». Cos'è il «mammuttones»?
È un'antichissima maschera mezzo capro mezzo diavolo. In
Sardegna ancora oggi i contadini durante certe feste si ve-
stono con queste pelli strane, si mettono queste campanelle

e vanno intorno con maschere molto simili a quelle che si notano nella immagine. Vedete che sono quasi tutti diavoli. Ecco, questo è un giullare, questo è il personaggio del Jolly, il matto (allegoria del popolo) e questo è un altro diavolo... un altro ancora... ecco un'altra sequenza.

Foto 2. Sequenza di buffonata.

Diavoli, streghe e un frate decorativo di passaggio. Notate un altro particolare: tutti hanno strumenti per far rumore, perché il gioco del fracasso, del frastuono, era essenziale in queste feste. (*Indicando un personaggio della lastrina*) Questo ha addirittura un «ciucciué», o altri nomi che dànno a Napoli; sono delle membrane di cuoio che, schiacciate e tirate, emettono dei pernacchi spaventosi. (*Indica un altro personaggio*) Qui c'è un altro con la gamba alzata, che non ha bisogno di strumenti: questo lo fa da sé, il rumore, è un naturalista... Questi altri emettono altri suoni. Questi personaggi mascherati si riunivano tutti quanti nella piazza e incominciavano a fare una specie di processo finto ai nobili, ai potenti, ai ricchi, ai padroni in genere. Fra i quali c'erano mercanti, imperatori, strozzini, banchieri... che è poi la stessa cosa. C'erano anche dei vescovi e dei cardinali.

Non ho mai capito perché, nel Medioevo, mettessero ve-

scovi e cardinali insieme ai potenti e ai padroni: sono atteggiamenti del tutto particolari che non siamo andati a ve-
rificare. Naturalmente erano falsi vescovi, falsi ricchi. Chissà perché, i ricchi veri non accettavano di giocare con il popolo. Era gente del popolo che si travestiva; si organizzava
una specie di processo, abbastanza violento, a base di accu-
se precise. «Hai fatto questo, hai sfruttato, hai rubato, hai
ammazzato...» Ma il momento avvincente era il finale. Era
una specie d'inferno nel quale venivano precipitati, con
finte pentole piene di finto olio bollente, con massacri,
con scuoiamenti, tutti questi ricchi, questi signori.

I ricchi, quelli veri, se ne stavano in casa in quei giorni,
perché magari passavano per la strada e... «Ahiddame!»
«Oh scusi, credevo che fosse uno finto». Quindi, per evitare di essere presi per ricchi finti, se ne stavano in casa
asserragliati. Anzi, si dice, lo dice malignamente un grosso
storico, Bloch, che è quel francese alsaziano ammazzato dai
nazisti in quanto comunista, asserisce Bloch che certamente
le persiane con le imposte sono state inventate in quel periodo per permettere ai ricchi di poter guardare in piazza
queste manifestazioni, senza essere visti da giú.

Tutta questa gente, questi giullari, questi buffoni, alla
fine della festa entravano in chiesa. La chiesa nel Medioevo
rispettava il significato originale di *ecclesia*: cioè, luogo di
assemblea. Ebbene, entravano in quel luogo d'assemblea
alla fine degli otto o undici giorni, tempo di durata di questa buffonata che si svolgeva di dicembre e proseguiva la
tradizione delle feste Fescennine romane, il carnevale dei
Romani. Entravano dunque, e ad aspettarli in fondo alla
chiesa, sul transetto, c'era il vescovo. Il vescovo si spoglia-
va di tutti i paramenti e li offriva al capo dei giullari; il capo
dei giullari saliva sul pulpito e incominciava a tenere una
omelia, una predica, nella chiave esatta delle prediche del
vescovo: cioè, ne faceva l'imitazione. Non soltanto l'imitazione dei tic, dei moduli, ma di tutto il discorso di fondo:
scopriva cioè tutto il gioco della mistificazione, dell'ipocrisia: il gioco del potere.

Ed erano talmente bravi a rifare il verso e soprattutto
l'imitazione dei moduli d'ipocrisia e di paternalismo, che si
racconta che san Zeno da Verona, che era una persona dab-
bene, fra l'altro, fu talmente fregato da un giullare, fu talmente imitato bene che per sei mesi, ogni volta che tentava
di salire sul pulpito per tenere le proprie prediche, non riu-

sciva a terminarle; dopo le prime tre o quattro battute, bal-
bettava e se ne andava. Succedeva che cominciasse: «Miei
cari fedeli, io qui, umile pastore vi por...» e giú tutti a sghi-
gnazzare. «La pecorella...» «Beee!!», e il poveraccio, con-
fuso, doveva andarsene.

Foto 3. «Milites», Mosaico absidale (secolo XII).
Basilica di Sant'Ambrogio, Milano.

Ora qui, in quest'altra lastrina, ci sono due personaggi.
Sono due *milites*. È la riproduzione di un mosaico che
si trova in Sant'Ambrogio di Milano, è un pezzo del mo-

saico pavimentale di Sant'Ambrogio e neanch'io, che mi ci
sono trovato sotto a fare i rilievi quando facevo architettu-
ra, non mi ero accorto di questo stupendo pezzo di mosaico.
Sono due giullari, due giullari travestiti da *milites*, e lo si
capisce dalla caratterizzazione teatrale dei loro gesti.

I *milites* venivano presi di mira abbastanza frequente-
mente anche perché erano quelli piú odiati dal popolo.

Ai *milites* appartenevano quei professionisti dell'ordine
costituito che noi chiamiamo oggi questori, commissari. Se
con un po' di fantasia riuscite a togliere gli abiti medievali
e li sostituite con un abito moderno, vedrete che hanno certe espressioni abbastanza significative.

Alla vostra sinistra c'è una costruzione: ebbene, non fa
parte dell'impianto scenico, fa parte di un'altra scena. Infatti tutta questa nostra scena è inscritta dentro l'arco. Perché dico questo? Perché evidentemente la costruzione fuori dell'arco è composta da diversi piani: sono quattro, cinque, sei piani. Ecco, abbiamo verificato, abbiamo fatto dei
sondaggi, delle verifiche storiche: nel Medioevo, le questu-
re e i commissariati erano tutti ad un piano solo. Questo
per evitare la dipsonomia, una malattia che colpisce molte
volte i questori e i commissari: quella facilità, durante un
interrogatorio, di sbagliare nel dare indicazioni. Sono talmente presi dal movimento agitato, dal gesto, che la sinistra diventa la destra, la destra la sinistra, per cui dicono:
«Esca pure, quella è la porta», e indicano le finestre. Questo si è verificato parecchie volte... nel Medioevo!

A proposito dello scherzare su cose molto serie, dram-
matiche, un compagno, ieri, un avvocato, mi ha scritto dicendo che queste allusioni a fatti avvenuti ultimamente, ri-
solti con una risata, gli avevano fatto male. Ebbene, è proprio quello che volevamo. Cioè, far capire che è quanto
permette e permetteva (è nella tradizione del giullare) al-
l'attore del popolo, di scalfire le coscienze, di far rimanere
qualcosa di amaro e di bruciato. L'allusione ai roghi è del
tutto casuale.

Se io mi limitassi a raccontare le angherie usando della
chiave «tragica» con una posizione di.retorica o di malinconia o di dramma (quella tradizionale, per intenderci),
muoverei solo all'indignazione e tutto, immancabilmente,
scivolerebbe come acqua sulla schiena delle oche, e non ri-
marrebbe niente.

Mi sono permesso questo inciso perché, spesso, torna

dentro il discorso risentito del perché «ridere» di cose tanto serie.

È proprio il popolo che ce lo ha insegnato: ricordiamo,
a proposito del popolo, quello che Mao Tse-tung dice a proposito della satira. Egli dice che la satira è l'arma piú effi-
cace che il popolo ha avuto tra le mani per far capire a se
stesso, dentro la propria cultura, quelle che sono tutte le
storture e le prevaricazioni dei padroni.

Andando avanti con le lastrine, questa immagine ci fa
vedere un'altra rappresentazione sacra, questa volta dram-
matica e grottesca insieme.

Foto 4. «Comici ambulanti del secolo XIV».
Cambrai, Bibliothèque Municipale.

È una rappresentazione nelle Fiandre, intorno al 1360
(la data è segnata sul disegno). Osservate, qui c'è una donna con un agnello in braccio. Ve lo faccio notare perché
verrà di proposito durante un pezzo della rappresentazione
della *Strage degli innocenti*.

Andiamo avanti: qui c'è un'altra immagine abbastanza
importante, ed è Anversa 1465, esattamente l'anno prima
dell'editto di Toledo (foto 5).

Quello di Toledo è l'editto che vietò definitivamente al
popolo di rappresentare i misteri buffi. E lo capirete già da
questa immagine, il perché di questa censura. Guardate:
qui c'è Gesú Cristo, un attore che rappresenta Gesú Cristo, qui due sgherri. Qui c'è un banditore, un altro attore
s'intende, e il popolo, sotto, che reagisce, replica alla bat-
tuta del banditore.

E cosa dice il banditore? Urla: «Chi volete sulla croce?

Foto 5. Rappresentazione comico-grottesca nella piazza municipale di Anversa (1465).

Gesú Cristo o Barabba?» E sotto tutto il popolo risponde urlando: «Jean Gloughert!!», che era il sindaco della città. Capirete che una simile ironia un po' pesante, cosí diretta, non faceva piacere al sindaco e agli amici suoi... Ecco perché si incominciò a pensare: «Ma non sarebbe meglio vietarle?» Una rappresentazione del genere, anzi, un pochettino piú violenta, se vogliamo, è questa (foto 6):

Parigi, qui siamo nella piazza del Louvre, sempre intorno allo stesso periodo. Guardate, c'è, in questo teatrino, Gesú Cristo, un attore che recita la parte di Gesú Cristo, e altri attori. Qui c'è Ponzio Pilato con la bacinella già pronta, per permettergli di lavarsi le mani, e qui ci sono due vescovi, notate, sono due vescovi cattolici. Dovrebbero avere un costume almeno ebraico, no? con degli elementi completamente diversi: cappelloni «a tonda», torciglioni, abiti d'un'altra epoca, completamente diversi, che la gente conosceva.

Foto 6. Una «Passione» rappresentata nella Piazza del Louvre, a Parigi (secolo XV).

Invece il popolo, fingendo di non saperne niente di costumi, ci ha piazzato lí i due vescovi, quasi veri e nostrani. Cioè a dire: «D'accordo, il fatto è successo in Palestina, come non detto, d'accordo, non c'erano ancora i cristiani, quegli altri erano ebrei, quindi non c'entra niente, erano vescovi ebrei e, soprattutto, erano di un'altra religione, un'altra realtà! Sí, ma sempre due vescovi erano, quelli che hanno insistito tanto perché fosse mandato in croce Gesú Cristo. Il fatto è che sempre, in tutti i tempi e in tutte le epoche, i vescovi stanno dalla parte dei padroni per mettere in croce i poveri cristi!»

E naturalmente questi discorsi non piacevano ai vescovi, ai cardinali e neanche al papa, tanto che decisero di riunirsi a Toledo e dissero: «Basta! Non dobbiamo piú permettere che il popolo approfitti di questo gioco scenico, che parte dal sacro, per poi far cadere tutto in burla e in ironia».

E cosí vietarono non soltanto di prendere come pretesto il Vangelo, ma anche la Bibbia.

Foto 7. «La sbornia di Davide» (da un codice miniato dell'Alto Medioevo).

Ecco un giullare legato alla strumentalizzazione dei racconti biblici. È la rappresentazione della famosa sbronza di Davide. Nella Bibbia si racconta che Davide si beccò una sbronza che durò sette giorni, spaventosa! Durante questa sbronza se la prese un po' con tutti: cominciò ad insultare suo padre, la madre, il padreterno, ma soprattutto se la prese con i propri sudditi, cioè il popolo. Diceva più o meno: «Popolo becero, disgraziato e anche un po' coglione, ma perché credi a tutte queste storie?» E il giullare riprendeva grottescamente quel personaggio urlando al pubblico: «Ma davvero credi che il padreterno sia sceso in terra con tutte le sue carabattole e abbia detto: "Beh, adesso basta con queste discussioni sulla divisione dei beni e dei terreni, faccio io, faccio da me. Ecco, vieni qua tu, hai la barba, mi piaci, prendi questa corona: tu fai il re. Tu, vieni qua. È tua moglie? Sei simpatica, fai la regina. Che faccia da delinquente che hai tu, tieni... fai l'imperatore. E quello... che faccia da furbo che ha... Vieni, vieni, to', fai il vescovo, vai! A te, guarda, faccio fare il commerciante. A te, vieni, vieni... guarda, tutto questo spazio, tutta quella terra che va fino a quel fiume è tutta roba tua... mi sei simpatico... e tientela stretta eh!!... Non mollarla mai agli altri, e falla lavorare per bene... E anche a te, prendi questa terra... È tuo parente? Bene! così la roba si tiene unita. Ed ora vediamo un po'... a te darò tutta la parte sul mare. Il diritto di pesca, invece, è per te. E voi... laggiú... miseri e striminziti... te e te e te e te, e anche le vostre mogli, lavorerete per lui, per lui e per lui, e anche per lui, e se vi lamenterete vi sbatto all'inferno, come è vero che sono Dio! E lo sono, per Dio!"»

Ecco, rappresentazioni di questo genere non piacevano a quelli che la roba l'avevano per davvero: quindi si decise, o meglio lo decisero i vescovi, che qualora un giullare si fosse permesso di recitare ancora simili obbrobri in mezzo al popolo, sarebbe stato bruciato immediatamente.

Tuttavia ci fu un tale, un certo Hans Holden (foto 8), famoso giullare tedesco, bravissimo in questo gioco dell'ubriacatura di Davide, che si permise di recitare ancora dopo l'editto: lo misero al rogo. Il poveraccio credeva che i vescovi scherzassero con la loro minaccia: «Figurati se mi mettono al rogo!» Ma si sbagliava, i vescovi sono gente seria, non scherzano mai! Infatti l'hanno bruciato vivo. Finito lí.

C'era anche un modo di fare «battage» pubblicitario, diciamo, agli spettacoli sacri, usato nel Medioevo. Ancora oggi, in Puglia, durante i festeggiamenti per San Nicola da Bari, un santo che veniva dall'Oriente, famoso vescovo, san-

Foto 8. «L'arresto di Hans Holden».

to, negro, si celebrano processioni. Ebbene, oggi questa festa si è ridotta a una sfilata cosí, generica, con cartelloni che
nel Medioevo servivano ad indicare i pezzi, le scene che sa-
rebbero state rappresentate la sera stessa. Dietro c'erano
dei «battuti», ovvero dei flagellanti o flagellati, che andando intorno si davano delle pacche della madonna... Non per
niente si trattava di uno spettacolo sacro.

Non solo, ma finito il giro di pubblicità per le strade e
per le piazze della città, si mettevano intorno al palco dove

si svolgeva la rappresentazione e sottolineavano, indicavano cantando, urlando, lamentandosi e respirando perfino coralmente, i tempi drammatici e grotteschi della rappresentazione. Insisto su questo particolare perché sentirete intervenire ogni tanto nelle mie esibizioni indicazioni di forma di canto corale. Il canto piú o meno era questo, per esempio:

Ohioihi battete, battetevi! Ehiaieehie!
Compagni, mettetevi in schiera (fila),
battetevi forte e volentieri,
non abbiate doglia (non lamentatevi) di queste
botte: battetevi!
Non tremate d'esser nudi,
non tremate (non abbiate paura) delle frustate
che vescicano (fanno vesciche, piaghe),
carni rotte e disgiunte (dalle ossa).
Ohioihi battete, battetevi! Ehiaieehie!
Chi vuol prendersi salvezza
che si batta col flagello
con il flagello facendolo schioccare,
non fingete di darvi botte: battetevi!
ché il Signore onnipotente
fu battuto veramente.
Ohioihi battete, battetevi! Ehiaieehie!
Se volete prendere (fare) penitenza
e scontare la grande sentenza
che è prossima ad arrivare
che nessuno potrà scampare: battetevi!
che verrà addosso a noi,
ohi battiamoci con dolore.
Ohioihi battete, battetevi! Ehiaieehie!
Per salvarci dal peccato
Gesú Cristo fu picchiato,
sulla croce fu inchiodato,
sulla faccia gli fu sputato: battetevi!
e l'aceto gli fu dato a bere
e non c'era lí San Pietro.
Ohioihi battete, battetevi! Ehiaieehie!
E voi signori dell'usura,
voi ne avrete malaventura,
voi che avete sputato a Cristo

LAUDA DEI BATTUTI

Prototipi: Pordenone, Brescia, Campagna mantovana.

Ohiohioh bati', bative! Ehiaiehieh!
(E) compagnon, metíf in scera,
batíf forte e volentera,
n'avi' doja d'ésti bóti: bative!
no trambít de ves isbiot(i),
no trambít le visigade,
carne rote e disciuncade.
Ohiohioh bati', bative! Ehiaiehieh!
Chi vol torse salvasion
c'ol se bata de rüscon
col fragel a batascioch,
no fi' mostra de daf bot: bative!
c'ol Segnor onniputent(e)
foe batüd veritament(e).
Ohiohioh bati', bative! Ehiaiehieh!
Se vorsi' tor penitensa
a scuntà la gran sentensa
c' la se proxima a rivare
che niun podrà scampare: bative!
che gnirà de contra a noj,
ohj batemose cunt doj.
Ohiohioh bati', bative! Ehiaiehieh!
Par salvarghe d'ol pecat
Jesus Xristo foe picat,
'nsu la croze foe 'nciudat,
su la facia g' foe spüdat: bative!
e l'ased g' foe dait a bevar
e no gh'era lí ol sant Pedar.
Ohiohioh bati', bative! Ehiaiehieh!
E vui segnori de l'üsüra,
vui n'avrit malaventüra,
vui c'havit spüat a Xristo

arricchendovi col malacquisto: battetevi!
voi che avete torchiato come (si torchia) l'uva
i denari a quelli che sudano.
Ohioihi battete, battetevi! Ehiaieehie!

col sciorirve al mal acquisto: bative!
vui c'havit turciat 'm l'uga
i danari a qui(e) che süda.
Ohiohioh bati', bative! Ehiaiehieh!

Qualche anno fa si è tenuta presso Milano, all'abbazia di Chiaravalle, una straordinaria mostra di macchine teatrali. Si trattava di splendide statue in cui tutti gli arti erano mobili, articolati, esattamente come nei burattini o nelle bambole. Il movimento era regolato da una serie di leve e di ganci che venivano manovrati da un burattinaio nascosto nell'incavo dietro la statua, che non era a tutto tondo, ma costruita solo per la metà anteriore. C'era per esempio una stupenda Madonna col bambino del 1100 in cui entrambi i personaggi si muovevano, braccia, tronco, gomiti e perfino gli occhi, giocando anche sul trucco del *déséquilibre* dei burattinai fiamminghi: per esempio, nell'avambraccio, a bilanciere, a snodo dentro la mano, c'era un perno, per cui qualsiasi colpo, anche piccolo, faceva roteare la mano sul polso, prima che ritrovasse il proprio equilibrio stabile. Qualsiasi piccolo colpo faceva in modo che le mani, o un'altra parte del corpo, si muovessero con una grazia straordinaria. Il che dava l'impressione di qualcosa di vivo.

Con lo stesso principio è stato costruito un altro pezzo famoso, il Cristo d'Aquileia: non lo si vede perché è vestito di una tunica che gli ricopre tutto il corpo, ma, a nudo, è tutto articolato, fino al collo.

Perché il popolo ricorreva a queste macchine per rappresentare la divinità, quando metteva in scena i propri spettacoli? Forse aveva timore di fare atto di blasfemia, di intaccare la sacralità del personaggio divino? No! Niente affatto, ciò avveniva perché l'attore, il comico, voleva che l'interesse del pubblico fosse accentrato non tanto verso il divino, ma verso l'uomo: se un attore fosse entrato prima nel costume di Gesú Cristo si sarebbe presa tutta l'attenzione, mentre una statua era soltanto indicativa, emblematica, e l'attore aveva agio di sviluppare la drammaticità della condizione umana, sottolinearla maggiormente: la disperazione, la fame, il dolore.

Ho fatto questo discorso sulle macchine teatrali perché il pezzo che reciterò ora ne prevede l'impiego, appunto

l'impiego di una macchina che raffigura la Madonna col
bambino in braccio. Con lei abbiamo in scena una donna
che tiene in braccio un agnello, una pazza: ecco perché vi
ho fatto notare prima quell'immagine delle Fiandre in cui
si vede una donna con un agnello in braccio. È una donna
alla quale hanno ammazzato il bambino durante la strage
degli innocenti e ha trovato in un ovile un agnello, se l'è
preso in braccio e, convinta, va a dire a tutti che quello è
il proprio figlio. L'allegoria è chiara: l'agnello è l'«Agnus
Dei», il figlio di Dio, quindi questa donna è anche la Madonna.

Questo doppio gioco del personaggio donna-Madonna è
molto antico, viene addirittura dai greci; la donna può per-
mettersi di dire delle cose che una Madonna vera, un'at-
trice che facesse la Madonna, o meglio un attore truccato
da Madonna, come si usava allora, non avrebbe mai potuto
dire. Questa donna bestemmia addirittura contro Dio, con
una violenza incredibile. Si mette a urlare con quest'agnello in braccio: «... potevi tenertelo presso di te tuo figlio, se
doveva costarci tanto patimento, tanto dolore! Verrai a
comprendere il dolore degli uomini, tu che hai voluto subito un cambio a tuo vantaggio, per una tazzina di sangue
tuo hai voluto un fiume di sangue, mille bambini per uno
tuo. Potevi tenerlo presso di te tuo figlio, se doveva costarci
tanto patimento, tanto dolore! Verrai a capire anche tu il
dolore, la pena degli uomini, la disperazione, il giorno che
verrà a morirti tuo figlio in croce. In quel giorno capirai
quale tremendo castigo hai imposto a tutti gli uomini, per
un peccato, per un errore! Ebbene, sulla terra, nessun padre, per quanto malvagio, avrebbe avuto il coraggio di im-
porlo al proprio figliolo. Per quanto fosse carogna, questo
padre!»

È certo la piú grande bestemmia mai udita! È come dire: «Padre, padreterno, sei la zozza della zozza! Nessun
padre è tanto carogna quanto te». E perché tanto odio da
parte del popolo verso il padreterno? L'abbiamo visto prima. Perché il padreterno è rappresentativo di quello che i
padroni hanno insegnato al popolo, è quello che ha fatto
le divisioni, che ha dato terre, poteri, privilegi a un certo
gruppo di persone, e invece fastidi, disperazione, sottomis-
sione, umiliazione, mortificazione all'altra parte del popolo.
Ecco perché Dio è odiato, perché rappresenta i padroni, è
quello che dà le corone, i privilegi; mentre è amato Gesú

Cristo, che è quello che viene sulla terra a cercare di ridare la primavera. È, soprattutto, la dignità. Il discorso della dignità è, in queste storie del popolo, ripetuto quasi a tormentone, con un'insistenza incredibile. La dignità.

Andremo ora alla rappresentazione della *Strage degli innocenti*. Devo indicarvi soltanto un particolare: il linguaggio. Il linguaggio, il dialetto, sarebbe meglio dire una lingua, perché è il padano dei secoli XIII-XV, ma recitato da un attore, il quale si trovava costretto a cambiare paese ogni giorno. Oggi era a Brescia, domani a Verona, a Bergamo ecc. ecc., quindi si trovava a dover recitare in dialetti completamente diversi l'uno dall'altro. Erano centinaia i dialetti, e c'era una grandissima differenziazione, maggiore che quella attuale, fra un paese e l'altro, per cui il giullare avrebbe dovuto conoscere centinaia di dialetti. E allora, che cosa faceva? Ne inventava uno proprio. Un linguaggio formato da tanti dialetti, con la possibilità di sostituire parole in determinati momenti, e quando si trovava nell'impaccio di non sapere quale parola scegliere, per far capire qualche cosa, ecco che subito metteva tre, quattro, cinque sinonimi. C'è un esempio straordinario: un giullare di Bologna racconta di una ragazza che si trova ad abbracciare un uomo che ama. Ma di colpo ne ha paura. Ha voluto ad ogni costo far l'amore con lui, ma quando si trova nel momento delicato, ecco che subito lo allontana e dice: «*Non me tocar a mi, che mi a son zovina, son fiola, tosa son e garsonetta*». Ha detto tutto: sono ragazza, sono ragazza, sono ragazza e anche ragazza. Cosí ognuno si può scegliere il termine che meglio comprende. Queste iterazioni le sentirete in questo spettacolo molte volte, ma sono usate anche ad altro scopo: raddoppiare il momento poetico e, soprattutto, nel ritmo, ingigantire la drammaticità. E questa è una cosa sola, unica, del giullare, del teatro del popolo, cioè, la possibilità di poter scegliere i suoni piú adatti al momento. Per cui si sente «croz», «cros», «crosge» ed è sempre «croce», presa da diversi dialetti, per rendere il momento piú adatto al valore scenico. La rappresentazione è eseguita da un solo personaggio e poi vi spiegherò il perché. Non è soltanto un fatto di esibizione, ma c'è una ragione reale di fondo. Ci sarà il gioco delle statue mobili, come vi ho già detto, il coro dei battuti, quello che inizia il canto e a un certo punto, vedrete, c'è un soldato che viene scannato e muore, e il coro dei battuti indica l'andamento funebre di un canto.

CORO DEI BATTUTI
    Ohiohi battete, battetevi!
    Eheiaiehieh!
    Con dolori e con lamenti
    per la strage degli innocenti,
    innocenti mille bambini
    li hanno scannati come agnellini,
    dalle mamme stralunate
    re Erode li ha strappati.
    Ohiohi battete, battetevi! Ehiaiehieh!

DONNA   Assassino... porco... non toccare il mio bambino.

PRIMO SOLDATO   Lascialo andare... molla 'sto bambino o ti taglio le mani... ti do un calcio nella pancia... molla!

DONNA   Nooo! Ammazza me piuttosto... (*Il soldato le strappa il bambino e glielo uccide*). Ahia... ahaa... me lo hai ammazzato, accoppato.

SECONDO SOLDATO   Oh, eccone qui un'altra... Fermati dove sei, donna... O v'infilzo tutte due... te e il tuo bambino.

MADRE   Infilzaci pure, che io preferisco...

SECONDO SOLDATO   Non far la matta... sei ancora giovane tu e hai il tempo di sfornarne un'altra dozzina di bambini... Dammi qui quello... fa' la brava.

MADRE   No... giú queste zampacce da dosso.

SECONDO SOLDATO   Ahia... mordi eh... e allora prendi questo (*schiaffo*), e lascia 'sto fagotto!

MADRE   Pietà, ti prego... non uccidermelo... ti do tutto quello che ho.

Il soldato strappa il fardello alla madre e si ritrova fra le mani un agnello.

STRAGE DEGLI INNOCENTI

CORO DEI BATTUTI
>Ohioihi bati', bative!
>Ehiaiehieh!
>Cont duluri e cont lamenti
>par la straze d'innozenti,
>innozent mila fiolít
>i han scanà 'me pegurít,
>da le mame stralünade
>ol Re Erode i ha scarpadi.
>Ohioihi bati', bative! Ehiaiehieh!

DONNA   Sasín... porch... no tocà ol me fiol.

PRIMO SOLDATO   Lasèl andà... mola sto fiol o at taj le mane... at dag na pesciada in la panza... mola!

DONNA   Nooo! Amàsum a mi pitòst... (*Il soldato le strappa il bambino e glielo uccide*). Ahia... ahaa... at m'l'hait amasàt, cupàtt.

PRIMO SOLDATO   Oh, t'en chi n'oltra... Férmet doa at seit, dona... a v'infilzi a tüti e doi... ti e ol bambin.

MADRE   Infílzegh püra, che mi a preferzo...

SECONDO SOLDATO   No far la mata... at seit anc'mo zúina ti e at hait ol temp de sfurnàn 'n'altra dunzena de bambin... Dam chi quel... fa' la brava...

MADRE   No... giò sti sciampasc de doss.

SECONDO SOLDATO   Ahio... a te sgagni eh... e alora cata quest... (*schiaffo*) e mola stu fagòtt!

MADRE   Pità, at pregi... no'l me masàl... at dag tüt quel che a g'ho...

Il soldato strappa il fardello alla madre e si ritrova fra le mani un agnello.

SECONDO SOLDATO   Oh, ma cos'è questo? Un pecorino,
un agnello...?

MADRE   Oh sí, non è un bambino, è un pecorino...
io non ho mai avuto dei bambini... non sono capace, io. Oh ti prego, soldato, non uccidermi questo agnello... che non è ancora Pasqua... e faresti
un grande peccato se me lo ammazzi!

SECONDO SOLDATO   Oh, donna! Mi vuoi prendere per
il didietro... o forse sei matta?

MADRE   Io matta? No che non sono matta!

Sopraggiunge un altro soldato.

SECONDO SOLDATO   Vieni via, lasciale l'agnello... che
quella è una alla quale si è rovesciato (stravolto) il
cervello... dal dolore ché le abbiamo ucciso il figlio.
Cosa ti prende... muoviti, che ne abbiamo ancora un
grande mucchio da scannare.

PRIMO SOLDATO   Aspetta... che mi viene da vomita-
re...

SECONDO SOLDATO   Bella forza! Mangi come una vacca: cipolle, montone salato e poi... vieni qui all'angolo, c'è un'osteria... ti farò bere un bel grappotto.

PRIMO SOLDATO   No, non è per il mangiare! è per questo macello, questa carneficina di bambini che abbiamo messo in piedi, che mi si è rovesciato lo stomaco.

SECONDO SOLDATO   Se sapevi di essere cosí delicato,
non dovevi venir a fare questo mestiere del soldato.

PRIMO SOLDATO   Io ero venuto soldato per uccidere
uomini nemici...

SECONDO SOLDATO   E magari anche per sbattere riversa anche qualche bella donna sul pagliaio... eh?

PRIMO SOLDATO   Beh, se capitava... ma sempre donna
di nemici...

SECONDO SOLDATO   E scannargli il bestiame...

PRIMO SOLDATO   Dei nemici.

SECONDO SOLDATO   Bruciargli le case... uccidergli i
vecchi... le galline e i bambini... Bambini sempre di
nemici.

PRIMO SOLDATO   Sí, anche i bambini... ma in guerra!
In guerra non è disonore: ci sono le trombe che
suonano, i tamburi che rullano e canzoni di battaglia e le belle parole dei capitani alla fine!

SECONDO SOLDATO   Oh, anche per questo macello avrai
delle belle parole dai capitani.

PRIMO SOLDATO   Ma qui, si ammazzan degli innocenti...

SECONDO SOLDATO   E perché, in guerra non sono tutti

SECONDO SOLDATO   Ohj, ma se l'è quest? Un pegurín, un berín...?

MADRE   Oh sí, non l'è un bambin, a l'è un berín... mi ne g'ho gimai aüdi de bambin... no so capaz, mi. Ohj te pregi, soldat, no masarme sto berín... che non l'è anc'mo Pasqua... e at faríet gram pecat se at m'lo masi!

SECONDO SOLDATO   Oh, dona! Ti me vol (voj) tor par ol de-drio... o ti è mata de cuntra?

MADRE   Mi mata? Non che no'l sont mata.

Sopraggiunge un altro soldato.

SECONDO SOLDATO   Vegn oltra, làsegh ol berín... che quela a l'è vüna che ol s'ha ruersà ol cervel... par ol dulor che gh'em cupà ol fiolín. 'S'te cata... moevete, che a' n'em anc'mò una gran mügia de scanà(n).

PRIMO SOLDATO   Pecia... ch'am vegn de trà sü...

SECONDO SOLDATO   Bela forza! At magnet me na vaca: scigul, muntun saladi e poe... vegn chi al cantun, gh'è 'n'osteria... at fagarò bevar un bel grapot(o).

PRIMO SOLDATO   No, no l'è par ol mangià! a l'è par stu macel, sta becaría de fiulít ch'em trait in pie, che ol me s'è ruersà el stomegh.

SECONDO SOLDATO   Se ol savevet d'es inscí delicat, no te dovevet gní a fà stu mestè d'ol suldat.

PRIMO SOLDATO   Mi eri gnüd suldat par masar omeni nemisi...

SECONDO SOLDATO   E magari per sbatascià anca quai dona ruersa sul paion... eh?

PRIMO SOLDATO   Bon, se la capitava... ma semper dona di nemisi...

SECONDO SOLDATO   E scanag ol bestiam...

PRIMO SOLDATO   Ai nemisi.

SECONDO SOLDATO   Brüsagh le case... copagh i vegi... le gaíne... e i fiulít. Fiulít sempar di nemisi.

PRIMO SOLDATO   Sí, anca i fiulít... ma in guera! In guera non l'è desunor: ag son le trombe che e sona, i tamburi che i pica e canson de bataja e i bei paroli d'i capitani a la fin!

SECONDO SOLDATO   Oh, anca par sto macel ti g'avrà d'i bei paroli d'i capitani.

PRIMO SOLDATO   Ma chí, as masa d'i inozenti...

SECONDO SOLDATO   E perché, in guera no i sont tüti ino-

innocenti? Cosa ti hanno fatto a te, quelli? T'hanno fatto qualche cosa quei poveracci che uccidi e
scanni col suono delle trombe? (*Sul fondo passa la
macchina raffigurante la Madonna col bambino*).
Che mi si possano accecare gli occhi se quella non
è la Vergine Maria col suo bambino che stiamo cercando! Andiamole appresso, prima che ci scappi...
muoviti, che questa volta raccogliamo il premio,
che è grosso.

PRIMO SOLDATO   Non lo voglio questo premio schi-
foso sporco...

SECONDO SOLDATO   Bene, lo raccoglierò (prenderò) da
solo.

PRIMO SOLDATO   No, neanche tu lo prenderai... (*Gli
sbarra la strada*).

SECONDO SOLDATO   Ma sei diventato matto? Lasciami
passare, che abbiamo l'ordine di ammazzare il suo
figlio alla Vergine...

PRIMO SOLDATO   Ci cago sull'ordine io... non muover-
ti da lí o ti stronco...

SECONDO SOLDATO   Disgraziato... non hai ancora capito che se quel bambino resterà in vita, diventerà lui
il re di Galilea al posto di Erode... che gliel'ha detto la profezia, quello!

PRIMO SOLDATO   Cago anche su l'Erode e la profezia,
io!

SECONDO SOLDATO   Hai bisogno di andar di corpo, tu,
mica di stomaco, allora... Vai in un prato e lasciami
passare... che io non voglio perdere il premio, io!

PRIMO SOLDATO   No, ne ho abbastanza di veder ammazzare bambini!

SECONDO SOLDATO   Allora sarà peggio per te! (*Lo trafigge con la spada*).

PRIMO SOLDATO   Ahia... che mi hai ucciso... disgraziato... mi hai sfondato le budella...

SECONDO SOLDATO   Mi rincresce... sei stato proprio un
tarlocco (stupido)... io non volevo...

PRIMO SOLDATO   Mi piscia il sangue da per tutto... oh
mamma... mamma... dove sei, mamma... viene bu-
io... ho freddo, mamma... mamma... (*Muore*).

SECONDO SOLDATO   Non l'ho ucciso io, questo era già
cadavere nel momento in cui ha cominciato ad avere pietà. «Soldato che sente pietà è già bello e morto ammazzato», lo dice anche il proverbio! E intanto mi ha fatto perdere l'occasione di prendere la
Vergine col bambino.

I battuti cantano una litania funebre. Il soldato
esce trascinandosi via il cadavere del compagno. En-

zenti? Cosa t'han fait a ti, quei? T'han fait quajcosa sti poveraz che at copett e at scani col sonar de trombe? (*Sul fondo passa la macchina raffigurante la Madonna col bambino*). Ch'am s'debia sguerciar i ögi se quela no a l'è la Verzen Maria col so bambin che sem oltra a cercà! 'Ndémegh a press, inanz che la ghe scapa... moevete che sta volta ag caterem ol premi, ch'a l'è groso.

PRIMO SOLDATO   No al voj sto premi sgaroso, sporcelento...

SECONDO SOLDATO   Bon, al catarò mi ad zolo.

PRIMO SOLDATO   No, ne manco ti ol cataret... (*Gli sbarra la strada*).

SECONDO SOLDATO   Ma ti è gnüdo mato? Làsame pasar, che gh'em l'orden de masarghe ol so fiol a la Verzen...

PRIMO SOLDATO   Ag caghi sü l'örden mi... no bogiarte de lí loga che at s'ciunchi...

SECONDO SOLDATO   Disgrasiad... no t'è an 'mo capit che se a quel bambin ol resterà in vita, ol gnirà lü ol re de Galilea, al post d'ol'Erode... che gl' l'hait dit la profezia, quel!

PRIMO SOLDATO   Ag caghi anco sü l'Erode e la profezia, a mi!

SECONDO SOLDATO   At gh'hait besogn de 'ndà de corpo, miga de stomeg te, alora... Fate in d'un prat e làseme pasar(e)... che mi no voi perd ol premi, a mi!

PRIMO SOLDATO   No, gh'n'hait abasta de vidè amazar fiulít!

SECONDO SOLDATO   Alora ol sarà pejor par ti! (*Lo trafigge con la spada*).

PRIMO SOLDATO   Ohia... ch'at m'hait cupat... disgraziat... at m'hait sfondade le büele.

SECONDO SOLDATO   Am rincress... at set stait impropi un tarloch... mi no vorsevi miga...

PRIMO SOLDATO   Am pisa ol sangu da part tüt... oh mama... mama... indua at sett, mama... ol vegn scür... hait frec, mama... mama... (*Muore*).

SECONDO SOLDATO   No l'ho cupat mi, quest a l'era già cadaver in d'ol mument che l'ha scomenzà a 'vegh pità. «Suldat ch'ol sent pità a l'è già bela mort cupà», ol dis anca ol proverbio! E 'ntant ol m'ha fait perd l'ocasion de catà la Verzen col bambin.

I battuti cantano una litania funebre. Il soldato esce trascinandosi via il cadavere del compagno. Entra la Ma-

tra la Madonna, o meglio, il manichino della Madonna. Alle sue spalle entra la pazza.

MADRE   Non scappate, Madonna... non abbiate paura
ché io non sono un soldato... sono una donna... una
mamma anch'io... col mio bambino... Nascondetevi
tranquilla, che i soldati sono andati via... sedetevi,
povera donna, che ne avete fatto di correre... Fatemi guardare il vostro bambino. Oh! com'è bello e
colorito!
Quanto tempo ha? Bello, bello... come è allegro...
ride... bello, bello... deve avere giusto il tempo del
mio...
Come ha nome? Gesú? È un bel nome: Gesú! Bello, bello... Gesulino... ha già due dentini... ohi che
simpatico... il mio non li ha ancora tutti i denti... è
stato un po' malato il mese scorso, ma adesso sta
bene... è qui che dorme proprio come un angioletto... (Lo chiama) Marco! Si chiama Marco... dorme
proprio di gusto... Oh caro, come sei bello! Sei bello anche tu... Marcolino... È anche vero che noialtre
mamme siamo fatte in una maniera che il nostro
bambino ci sembra il piú bello di tutti... può avere
anche qualche difetto, ma noi non lo vediamo.
Gli voglio tanto di quel bene a questo bestiolino,
che se me lo portassero via diventerei matta!
Se penso al grande spavento che ho avuto questa
mattina, quando sono andata alla culla e l'ho tro-
vata vuota, piena di sangue e il mio bambino non
c'era piú... Per fortuna che non era vero niente...
che era solo un sogno, ma io non sapevo che era
un sogno, tanto che di lí a poco mi sono svegliata
ancora sotto l'impressione del sogno, e tutta disperata che sembravo una matta! Sono andata fuori
nella corte e ho cominciato a bestemmiare contro
il Signore: «Dio tremendo e spietato, – gli gridavo, – l'hai comandato tu 'sto ammazzamento... l'hai
voluto tu questo sacrificio in cambio di far venir
giú tuo figlio: mille bambini scannati per uno di te
(uno tuo), un fiume di sangue per una tazzina! Potevi ben tenerlo vicino a te 'sto figlio, se doveva
costarci tanto sacrificio a noi poveri cristi... Oh,
verrai a capire alla fine anche tu cosa vuol dire crepare di dolore nel giorno che verrà a morirti il
figlio. Arriverai anche a capire alla fine che è stato
ben grande e tremendo castigo che hai imposto agli
uomini in eterno... ché nessun padre sulla terra non
avrebbe giammai avuto il cuore d'imporre ciò a un
suo figlio, per quanto fosse malvagio! »

donna, o meglio, il manichino della Madonna. Alle sue
spalle entra la pazza.

MADRE   No scapít, Madona... no catèf pagüra che mi no
sont un soldat... sont una dona... una mama anch mi...
col me bambin... Scondív chi loga tranqúila, che i suldat
i sont andat via... sentève, pora dona, che n'avit fait d'ol
curir... Fèime vardà ol vostro fiolí. Oh! me l'è bel et
culorít!
Quant temp ol g'ha? Belo, belo... me l'è alegher... ol
rid... bel, belo... ol dev averghe giusta ol temp d'ol me...
Me ol g'ha nom? Jesus? L'è un bel nom: Jesus! Belo
belo... Jesulín... ol g'ha già doi dencít... ohi che simpa-
tech... ol me n'ol g'ha an'mo fait i denci... l'è staít un
poch malad ol mes pasat, ma adess ol sta ben... l'è chí che
ol dorma propi me un angiulin... (*Lo chiama*) Marco! Ol
g'ha nom Marco... ol dorma propi de güst... Oh cara, me
t'set bel! Set bel anca ti... Marcolin... L'è anca vera che
nojaltre mame a s'em fait in d'una manera che ol noster
fiolín ol ghe pare ol piú belo de tüti... ol pol averghe
anch quai difet, ma nünc no l' videm miga.
Ag voj tanto de quel ben a sto bestiolí, che se m'al pur-
tàsen via a gniría mata!
Se ag pensi al grand stremizi che g'ho üt stamatina,
quand che sont andada a la cüna e la g'ho truvada svoeja,
piena de sangu e ol me fiulin ol gh'era piú... Par fortüna
che no l'era vera nagot... che a l'era dömà un sogn, ma
mi n'ol savevi miga che a l'era un sogn, tant che de lí a
poch me sont desvegiada an'mo sota l'impresiun d'ol
sognament, e tüta desesperada che parevi 'na mata!
Sunt andada de föra in d'la cort e g'ho scomensà a biastemà contra al Segnur. «Deo tremend e spietàt, — ag
criavi, — at l'hait comandat ti sto 'mazament... a t'hait
vorsüd ti sto sacrifizi in scambi de fag gni giò ol to fiol:
mila fiolít scanat par vün de ti, un fiüm de sangu par
'na tasina! T'ol podevet ben tegnil in presa a ti sto fiol,
se ag dueva costarghe tanto sacrifízi a nün pover crist...
Oh, at gnirà a cumprend in fin anca ti se ol voer di' crepar de dulor in t'ol dí che gnirà a murit ol fiol. At gnirà
anca a comprend infina co l'è stait ben grand tremend
castigo che t'hait picat a i omeni in eterno... che niuno
patre in su la tera no g'avaría gimai üt ol cor de 'mpor-
ghe a un so fiol, (per) quant c'ol füdess malvaz! »

Ero là nel cortile che gridavo queste bestemmie, come vi ho detto, quando, di colpo, ho voltato là gli occhi e, dentro l'ovile, in mezzo alle pecore, ho scoperto il mio bambino che piangeva... subito l'ho riconosciuto... l'ho preso nelle braccia... e ho cominciato a piangere di consolazione.

« Ti domando perdono, Signore misericordioso, per queste brutte parole che ti ho gridato, che io non le pensavo... ché è stato il diavolo sí, è stato il diavolo a suggerirmele! Tu sei tanto buono, Signore, che mi hai salvato il figlio di me!... e hai fatto in modo che tutti lo prendono per un agnello-pecorino, vero. E anche i soldati non se ne accorgono, e me lo lasciano campare... Dovrò giusto stare attenta in campagna il giorno che verrà la Pasqua, ché quello è il tempo che si ammazzano agnelli uguale che oggi i bambini. Verranno i macellai a cercarmelo... ma io gli metterò una cuffietta in testa e lo fascerò tutto con le pezze... che si convincano che è un bambino. Ma appresso, subito, guarderò bene che non lo debbano riconoscere mai piú per un bambino... anzi, lo porterò a pascolare e gli farò imparare a mangiare l'erba in modo che sembrerà assomiglierà (sarà) per tutti un pecorino... Perché sarà piú facile, a questo mio figlio, campare da pecora, che non da uomo, in questo mondo infame! »

Oh, si è svegliato... ride! Guardate, Madonna, se non è bello da cogliere (cogliere come fosse un fiore) il mio Marcolino... (*La donna scosta lo scialle e mostra alla Madonna la pecorella. La Madonna ha un malore*). Oh, Madonna, vi sentite male? Fatevi forza, non piangete... che il peggio è passato... Andrà tutto a finir bene, vedrete... Basta avere fiducia nella Provvidenza che ci aiuta tutti!

CORO   Signore, che sei tanto misericordioso da far venire la follia a quelli che non sono capaci di tirarsi fuori il dolore...

MADRE (*cullando l'agnello canta*)
  Nanna, nanna,
  bel bambino della tua mamma.
  La Madonna cullava
  intanto che gli angeli cantavano,
  San Giuseppe in piedi dormiva,
  il Gesú bambino rideva
  e l'Erode bestemmiava,
  mille bambini in cielo volavano,
  nanna, nanna!

A s'eri lí-lo in dela corte che criavi ste biasteme, come
v'ho dit, quand, de bot, ho voltà là i ögi e, denter al
uvíl, in mez a i pegurí, ho descovrí ol me bambin che
ol piagneva... de sübet ag l'ho recognosüd... l'hait catat
in ti brazi... e ho scomensà a piangere de consolazio(n)...
«At domandi pardon, Segnor misericurdiös, par sti brüti
paroli che t'hait criati, che mi no le penzàva miga... che
o l'è stait ol diavul, sí, ol è stait ol diavul, a sugerimei!
Ti è tant bon, Segnor, che ti m'hait salvad ol fiol de
mi!... e ti g'ha fait de manera che toti ol ciapa par on
pegurin-berín veraz. E anco i soldat no se n' incorge miga e am lo làseno campare... Dovarò giüsta stag atenta
in campana in t'ol dí che gnirà la Pasqua, che quel a l'è
ol temp che as masa pegurit-berín compagn che incoe
bambin.
A gniràn i becari a cercamel... ma mi ag metarò na scü-
fieta in testa e ol faserò tüto de pesa... che as convinze
che a l'è un bambin. Ma a pres, de sübet, a varderò ben
che n'ol debian recognosar gimai piú par un bambin...
anze, ol menarò a pascolare e ag fagarò 'mparare a magnar l'erba in manera che ol sembrerà somejerà par tüti
un pegurín... Imparché ol vegnirà plu fazile, a sto me
fiol, campar de pegura, che non d'omo, in sto mundo
infamat!»
Oh, ol s'è desvegià... ol ride! Vardít, Madona, se no l'è
bel de catà ol me Marcolin... (*La donna scosta lo scialle
e mostra alla Madonna la pecorella. La Madonna ha un
malore*). Oh, Madona, av sentí mal? Fiv forza, no piagní... che ol pejor a l'è pasat... Ol andrà tüto a forní ben,
vedarí... L'è abasta aveg fidücia in la Providenza che
ghe aída a toti!

CORO   Segnor che ti è tanto misericordiös de fag 'gní la
    folía a quei che non sont capaz de tras foera ol dolor...
MADRE (*cullando l'agnello canta*)
        Nana, nana,
        bel bambin de la tua mama.
        La Madona la ninava
        'tant che i angiuli cantava,
        San Giusep in pie ol dormiva,
        ol Gesú bambin rideva
        e l'Erode ol biastemava,
        mila fiolít in zel volava,
        nana nana.

Sempre legata al tema della dignità è la *Moralità del cieco e dello storpio*. È uno dei temi piú famosi e diffusi nel teatro medievale di tutta Europa; se ne conoscono versioni un po' dappertutto: piú di una in Francia (foto 9), nello Hainaut belga. In Italia una versione celebre, di Andrea della Vigna, è della fine del Quattrocento.

Ebbene, a un certo punto il cieco dice: «Non è dignità avere le gambe dritte, avere gli occhi che vedono, dignità è non avere un padrone che ti sottomette». La libertà vera è quella di non aver padroni, non soltanto io, ma vivere in un mondo dove anche gli altri non abbiano padroni. E questo, pensate!, intorno al 1200-1300.

Naturalmente, queste sono cose che a scuola non ci insegnano, perché far sapere ai ragazzini che già nel Medioevo i poveracci avevano capito certe dimensioni, il significato dell'essere sfruttato, è molto pericoloso!

Foto 9. «Moralité de l'aveugle et du boiteux» (Moralità del cieco e dello storpio). Frontespizio di una stampa francese del secolo XVI.

CIECO   Aiutatemi, buona gente... fatemi la carità, a me che sono povero e disgraziato, orbo di due occhi, cosí che, per fortuna, non posso guardarmi, che io avrei tanta compassione e verrei disperato (mi dispererei) da ammattirmi.

STORPIO   Oh gente di cuore, abbiate pietà di me che sono conciato in modo tale che nel guardarmi mi sento prendere da tale spavento che vorrei scappare a gambe levate, se non fosse che sono storpiato da non muovermi se non col carretto.

CIECO   Ahi che non posso andare intorno che picchio e ripicchio (a ripetizione) la testa contro tutte le colonne e nei cantoni... aiutatemi qualcuno.

STORPIO   Ohi che non sono piú capace di venir via (uscire fuori) da questa carreggiata, ché mi si son rotte le ruote del carrettino, e finirò col crepare di fame in questo luogo, se non mi aiuta qualcuno.

CIECO   Avevo un cosí bravo cagnaccio che mi accompagnava... mi è scappato dietro a una cagna in fregola... almeno io credo che sia stata femmina questa cagna, ché non ci vedo io e non posso esser sicuro... che potrebbe anche essere stato un cane porcello vizioso, o un gatto smorfioso che me l'ha fatto innamorare, il mio cane.

STORPIO   Aiuto, aiuto... non c'è nessuno che abbia quattro ruote nuove da imprestarmi per il mio carrettino? Dio Signore, fammi la grazia di avere quattro ruote!

CIECO   Chi è che si lamenta che vuole le ruote di Dio?

STORPIO   Sono io quello, lo sciancato storpiato con le ruote rotte.

CIECO   Vieni vicino a me, da quest'altra parte della strada, che vedrò di aiutarti... No che non potrò vedere... a meno d'un miracolo... Beh, vedremo, va'!

STORPIO   Non posso venire lí... Dio maledica tutte le ruote del mondo e le faccia divenire quadrate che non possano piú andare in giro a rotolare.

MORALITÀ DEL CIECO E DELLO STORPIO

CIECO   Aidème, bona zente... fàitme la carità, a mi che son povareto e desgrasiò, orbo de doj ogi, che, o meno male, no me podo vardarme, che m' gavaría gran compassion e vegnaría disperat a amatirme.

STORPIO   Ohj zente de core, ahibèt pità de mi che sont consciat in la manera che an dol vardarme am senti catar de tanto spaventu che voraría scapar de tüte gambe, se no fusse che sont storpiat de no moverme se no cönt ol caret.

CIECO   Ohj che no podi andà intorna che pichi a rebatón con la crapa in tüti i culoni e in di cantú... aidème quajcun.

STORPIO   Ohj che no sont pü capaze de gnir via de sta caregiada, che i me sont s'cepade le rode del caretí(n), a gnirò a crepare chí loga de fame, se no m'aída quajcun.

CIECO   Gh' avevi un sí bravo cagnaso che ol me scumpagnava... ol m'è scapad arenta a una cagna in fregula... amanch mi credi che la sia stada femena sta cagna, che ag vedi miga mi e no podi es seguro... ch'ol podría anch'ess stad un can sporcel viziuso, o un gato smorbioso che am l'ha fait inamurat, ol me can.

STORPIO   Aída, aída... no gh'è njuno che g'abia quatro rode nove da imprestame pol me caretí? Deo Segnor, fame la grazia d'averghe quatro rode!

CIECO   Chi è che s'lamenta che ol vole le rode de Deo?

STORPIO   Sont mi quel, ol sciancat instorpiat coi rodi s'cepadi.

CIECO   Vegna arenta de mi, da sta oltra banda d'la strada, che vedarò d'aidat... No che no podarò vedar... almanch d'on miracolo... Ma ben, vedarem!

STORPIO   A no podo miga gní lilò... Deo malediga toeti i rodi del mundo e a faga gní quadrade che i no podan pü andà intorno a rudulà.

CIECO   Oh se potessi fare in modo di venire io dritto
fino a te... stai sicuro, guarda, che ci starei fino (perfino) a caricarti sulle mie spalle tutto intero, salvo
(meno) le ruote e il carrettino! Ci trasformeremmo
in una creatura sola da due che siamo... e avremmo
soddisfazione entrambi. Io andrei in giro con i tuoi
occhi di te e tu con le mie gambe di me.

STORPIO   Oh che pensata! Devi avere un gran cervello tu, pieno di ruote e rotelle. Oh che il Signore
Iddio m'ha fatto la grazia di imprestarmi le ruote
del tuo cervello per farmi andare intorno di nuovo
a domandare la carità!

CIECO   Seguita a parlare che mi orizzonto... vado bene in questa direzione?

STORPIO   Sí, vieni tranquillo che sei sulla rotta giusta.

CIECO   Per non inciampare è meglio che mi metta a
gattoni (a quattro zampe). Ehilà, vado sempre dritto?

STORPIO   Appoggia un po' a sinistra... no, esagerato!
Quella è una virata... Getta l'ancora e torna indietro... bene... fuori i remi, su le vele... raddrizza, raddrizza... bene, vieni sicuro adesso.

CIECO   Mi hai preso per un galeone? Allungami una
mano quando ti sono appresso (vicino).

STORPIO   Ma te le allungo tutt'e due le mani! Vieni,
vieni, bel bambino della tua mamma, che ci sei...
No! sacramento... non andare via di deriva... raddrizza a destra... Oh, il mio barcone di salvataggio...

CIECO   Ti ho preso? Sei tu, proprio tu?

STORPIO   Sono io quello, o bel guercione dorato... fatti abbracciare!

CIECO   Non sto piú nella pelle per la contentezza, caro il mio storpiato! Vieni che ti carico... montami
sulle spalle...

STORPIO   Ci monto sí... rivoltati all'incontrario (di
spalle)... stai basso con la schiena... Issa! Ci sono!

CIECO   Ohi, non picchiarmi (piantarmi) i ginocchi nelle reni... che mi spezzi.

STORPIO   Perdonami... è la prima volta che monto a
cavallo, non ci sono abituato. Ohi tu, fai attenzione
a non sbattermi (farmi rotolare) di sotto, mi raccomando.

CIECO   Stai sicuro che ti terrò caro, compagno (uguale) se tu fossi un sacco di rape rosse. Tu fammi la
guida pulito (bene) piuttosto... da non mandarmi a
pestare lo sterco delle vacche.

STORPIO   Farò attenzione, va' schiacciato (rilassato,
tranquillo): piuttosto, non hai un ferro da cacciarti
in bocca che faccia da morso e un paio di cinghie

CIECO Oh se as poderese far de manera de gní mi de dri-
sada infína a ti... sta t seguro, varda, che ag staría fin a
cargarte in sora a e spale de mi tuto intrego, salvo le rode e ol caretí! Agh strasfurmarem in t'una criatura sola de doj che semo... e g'avaríem satisfasion intramboli.
Mi andaría intorna co i to ogi de ti e ti co i me gambi
de mi.

STORPIO Ohj che pensada! Dei d'averghe on gran zervelo
ti, pign de rode e rodele. Ohj che el Segnur Deo m'ha
fait la grazia de 'mprestarme le rode del to zervelo per
farme andare inturna de novo a dimandar la carità!

CIECO Sigúta a parlà che me orisunti... vag ben in sta di-
resiun?

STORPIO Sí, vegn tranquill che at siet sora la rota giusta.

CIECO Par no topigar a l'è mejor che am büti gatoni. Là,
a vag semper de drita.

STORPIO Pogia un poc de manca... no, esagerat! Quela a
l'è una virada... Büta l'ancura e torna in drio(drè)...
bon... föra i remi, sü le vele... driza, driza... ben, vegn
siguro ades.

CIECO At m'hait catat per un galeon? Slungame una man
quando at sont apres.

STORPIO Ma te 'e slonghi tote e doie e mane! Vegn, vegn,
bel fiolí de la toa mama... ch'ag set... No!... cramentu...
no andar via de deriva... driza a la drita... Oh, ol me bar-
con de salvatagio...

CIECO A t'hait catat? A t se' ti, proprio ti?

STORPIO A sont mi quel, o bel sguercion dori'... fat im-
brasà!

CIECO Ag stait pü in d'la pel d'la contentesa, caro ol me
sturpiat! Vegn che te carego... montame su e spale...

STORPIO Ag monti sí... rivoltes a l'incontrari... sta' bas
con la s'cena... Issa! Ag son.

CIECO Ohj, no picarme i ginogi in le reni... co ti me
s'cionchi...

STORPIO Perdoname... o l'è la prema voelta co munti a
cavalo, no gh' sont abitüat. Ohj ti, fag atension a no
sbortolame de soto, me aricomando.

CIECO Stat seguro che at tegnirò caro, compagn ch'at fü-
deset on sach de rape rose. Ti fame da guida polito pitost... de ne mandarme a pestà i buagne di vacch.

STORPIO Fagarò atensiú, va' schiscio: pitosto, no ti g'ha
un fero de casciarte in boca a fag de morso e un para de

da attaccarti al collo? Mi sarebbe piú facile menarti
(portarti) intorno.

CIECO   Oh bene: mi hai preso per un asino? Ohimè
come pesi! Come va che sei cosí pesante?

STORPIO   Cammina... non consumare il fiato... ahrii!
Trotta, mio bel sguerciotto, e fai attenzione che
quando ti tiro l'orecchio di sinistra, tu dovrai gi-
rare a sinistra... e quando tiro...

CIECO   Ho capito! Ho capito... non sono mica un asino. Oh! Boia, bestia, sei troppo pesante!

STORPIO   Pesante io?... Ma sono una piuma... una farfalla!

CIECO   Una farfalla di piombo, che se ti lasci cadere
per terra fai un buco da trovare l'acqua sorgiva...
sangue di Dio! Hai mangiato un'incudine di ferro
per colazione?

STORPIO   Sei matto, sono due giorni che non mangio.

CIECO   Bene, ma saranno pure due mesi che non caghi.

STORPIO   Oh che spiritosaggine: Dio mi venga testi-
mone... sono sei giorni appena che non vado di
corpo.

CIECO   Sei giorni? Due pasti almeno al giorno fanno
dodici coperti. San Gerolamo protettore dei facchini, sono dietro a portarmi intorno (sto portandomi
in giro) un magazzino di scorte per un anno di carestia. Mi dispiace ma io ti scarico qui e tu fai il
sacrosanto piacere di andare a scaricare l'immagaz-
zinamento illegale!

STORPIO   Fermati, non senti questo fracasso?

CIECO   Sí, mi sembra di gente che grida e che bestemmia! Contro chi è che gridano?

STORPIO   Fatti un po' piú indietro che cercherò di
guardare... appoggia qui... Bene, adesso lo vedo...
ce l'hanno con lui... povero Cristo.

CIECO   Povero Cristo a chi?

STORPIO   A lui, Cristo nella persona (in persona)...
Gesú, figlio di Dio!

CIECO   Figlio di Dio? Quale?

STORPIO   Come: quale? L'unico figlio, ignorante! Un
figlio santissimo... e dicono che fa cose mirabili,
meravigliose: guarisce le malattie, le peggiori e tremende che ci sono al mondo, a chi le sopporta con
anima gioiosa. Dunque è meglio che sbaracchiamo
da questa contrada.

CIECO   Sbaraccare? E per quale ragione?

STORPIO   Perché non posso accettare questa condizione con allegria. Dicono che se questo figlio di Dio
venisse a passare da questa parte, io verrei miracolato di colpo... e tu anche, nella stessa maniera...
Pensaci un po', se davvero ci capita a tutti e due la

cinghie de tacarte al colo? Am saría piú(pi) fazile a me-
narte intorna.

CIECO   Oh ben: ti m'hait catat par un asin? Ojamí come
te peset! Come ol va che et cosí pesantu?

STORPIO   Camina... scunsüma miga ol fiat... ahrii! Trota,
me bel sguerciot, e fag atension che quand te tiri l'oregia
de manca, ti te duarèt voltar de manca... e quando tiri...

CIECO   Hait capit! Hait capit... sont miga un asen. Ohj!
Boia, bestia, at set trop pesantu!

STORPIO   Pesantu mi?... Ma sont 'na pluma... una parpaja.

CIECO   Una parpaja de piombo, che se al lasi burlat par
tera at fait un buso de trovarghe l'acqua sorgiva... san-
guededio! T'hait magnà un incuden de fero a colasion?

STORPIO   A ti se mato, a son doj giorni che no magno.

CIECO   Bon, ma i saran puranco doj mesi che no ti caghi.

STORPIO   Ohj che sberlüsciadi: Deo me vegna a testimo-
ni... a i sont sie die a pena che no i vag de corpo.

CIECO   Sie die? Doi pasti almanco al giorno ai fano do-
dese coverti. San Gerolamo protetor de i fachini, e son
drio a portarme intorna un magaseno de scorta par un
ano de carestia. Am despiase ma mi at scarego chi loga
e ti am fet ol sacrosanto piaser d'andarte a scarigar ol
magasinamento inlegale!

STORPIO   Fermate, no 'l senti sto fracaso?

CIECO   Sí, ol me pare de zente che cria e biastema! Contra
a chi l'è che i vosa?

STORPIO   Fait un poc pü in drio che 'ag sciaro de vardar-
ghe... lilò pogia... Bon, adeso ol vedi... ag l'han con lü...
povaro Cristo.

CIECO   Povaro Cristo a chi?

STORPIO   A lü, Cristo in la persona... Jesus, fiol de Deo!

CIECO   Fiol de Deo? Lo qual?

STORPIO   Come: lo qual? Lo unigo fiol, gniurantu! Un
fiol santisim... e i ghe dise che ol fa robe mirabil, mera-
vegiose: ol guarise e maladie, le pejor tremende co gh'è
al mundo, a chi e soporta con l'anema zoiosa. Donca a
l'è mejor che sbaracheme de sta contrada.

CIECO   Sbaracar? E par qual reson?

STORPIO   Parché mi no podo tor sta condision con alegresa. I dise che se sto fiol de Deo ol gnise a pasar de chi
loga, mi gnería miracolat d'un boto... e ti anca, a la mi-
sma manera... Pensaghe un poc, se davero ghe cata a

disgrazia di essere liberati dalle nostre disgrazie!
Di colpo ci troveremmo nella condizione d'essere
obbligati a prenderci un mestiere per poter campare.

CIECO   Io direi di andare incontro a questo santo, che
ci tiri fuori da questa disgrazia maledetta.

STORPIO   Dici davvero? Verrai miracolato, bene, e ti
toccherà crepare di fame... ché tutti ti grideranno:
« Vai a lavorare!... »

CIECO   Ohi che mi vengono i sudori freddi nel pensarci...

STORPIO   « Vai a lavorare, vagabondo, – ti diranno, –
braccia rubate alla galera... » E perderemmo il grande privilegio che abbiamo uguale ai signori, ai padroni, di prendere la gabella: loro allungando (in-
grandendo) i trucchi della legge, noi con la pietà.
I (tutti e) due a gabbare (imbrogliare) coglioni!

CIECO   Andiamo, scappiamo via da questo incontro
con il santo, che io voglio piuttosto morire. Ohi
mamma di me (mia)... andiamo... andiamo di volata al galoppo... attaccati alle orecchie, (in modo)
da guidarmi il piú lontano che tu puoi da questa
città! Andremo fuori anche dalla Lombardia... Andremo in Francia o in un sito (luogo) dove non potrà arrivare giammai questo Gesú figlio di Dio...
Andremo a Roma!...

STORPIO   Stai fermo, fermo, spiritato ammattito, che
mi cadi in terra...

CIECO   Ohi, ti prego, salvami!

STORPIO   Stai buono... che ci salveremo tutti e due in
compagnia... non c'è ancora pericolo, ché la processione che mena (accompagna) il santo non si è ancora mossa.

CIECO   Cosa fanno?

STORPIO   L'hanno legato a una colonna... e sono dietro a picchiarlo (stanno picchiandolo). Ohi come
picchiano, 'sti scalmanati!...

CIECO   Oh povero figlio... perché lo picchiano? Cosa
gli ha fatto a loro... 'sti scalmanati?

STORPIO   È venuto a parlargli di essere tutti amorosi,
uguale a (come) tanti fratelli. Ma tu guarda bene di
non lasciarti prendere da compassione per lui, che
è il piú gran pericolo di (per) essere miracolati.

CIECO   No, no, non ho compassione... che per me non
è nessuno, quel Cristo... che non l'ho mai conosciuto io... Ma dimmi cosa gli fanno adesso...

STORPIO   Gli sputano addosso... schifosi maiali, in
faccia gli sputano...

CIECO   E lui cosa fa... cosa dice, 'sto poveraccio santo
figlio di Dio?

tuti e doj la desgrazia de ves liberadi di nostri desgrazi!
D'un boto ag s'trovaríam in la cundision d'es obligat a
tor via un mestier per impoder campare.

CIECO Mi a digaría d'andarghe in contra a sto santo, che
ol ghe traga fora de sta sventura malarbeta.

STORPIO At dighi de bon? At gnirat miracolat, bon, e at
tocherà crepar de fame... che toeti i te criaran: «Vagj
a lavorar!...»

CIECO Ohj che me cata i sudori fregi in del pensarghe...

STORPIO «Vagj a lavorar, vagabondo, – i te diserà, – brasce robade a la galera...» E a perderesmio ol gran pre-
vilez che g'avemo in pari ai siori, ai paroni, de tor gabela: lori col slongar i truchi de la lege, nojaltri con la
pità. Li doi a gabar cojoni!

CIECO Andemo, scapemo via de sto incontro col santo,
che mi a vòi pitosto morir. Ohj mama de mi... 'ndem...
'ndem de vulada al galop... tachete a e orege, da guidarme pi lontan che ti pol de sta cità! Andarem fora anch
de Lombardia... Andarem in Franza o in un sito dove no
podarà rivar gimai sto Jesus fiol de Deo... Andaremo a
Roma!...

STORPIO Sta' calmo, calmo, spiritat matido, che ti me
sgropi in tera...

CIECO Ohi, te pregi, salvame!

STORPIO State bon... che ag salveremo tot doj in compagnia... no gh'è anc 'mo pericolo, co la procesion che mena ol santo no la s'è anc'mo movüda.

CIECO Ag fan cos'è?

STORPIO L'han ligat a una colona... e i è dre' a pical. Ohj
come i pica, sti scalmanat!...

CIECO Oh poer fiol... perché ol pichen? Cos ol g'ha fait a
lori... sti scalmanat?

STORPIO L'è gní a parlag de ves tüti amorosi, compagn de
tanti fradeli. Ma ti varda ben de no lasarte miga catar
de cumpassion par lü, che o l'è ol pü gran pericol de ves
miraculat.

CIECO No, no... no g'ho compasion... che par mi no l'è
nisün quel Crist... che no ghe l'ho gimai cognosüdo mi...
Ma dime cosa ag fan adeso...

STORPIO Ag spüen adoso... sgarusi purscel, in facia ag
spüen...

CIECO E lü, cosa ol fa... cosa ol dise, sto poraso santo
fiol de Deo?

STORPIO   Non dice, non parla, non si ribella... e non li guarda neanche da arrabbiato, quegli scalmanati...

CIECO   E come li guarda?

STORPIO   Li guarda con malinconia.

CIECO   Oh caro figlio... non dirmi piú niente di quello che va succedendo che mi sento stringere lo stomaco... e freddo al cuore, che ho paura che debba essere qualcosa che assomiglia alla compassione.

STORPIO   Anch'io sento il fiato che mi si ferma in gola e i brividi alle braccia... Andiamo, andiamo via da qui.

CIECO   Sí, andiamo a chiuderci in uno di quei luoghi dove si possa fare a meno di venire a conoscere questi fatti dolorosi. Io conosco un'osteria...

STORPIO   Ascolta!

CIECO   Cosa?

STORPIO   Questo gran fracasso... qui vicino.

CIECO   Non sarà mica il santo figlio che arriva?

STORPIO   Oh, Dio grazia (per grazia di Dio), non mi far spaventare ché saremmo perduti... là attorno alla colonna non c'è piú nessuno...

CIECO   Nemmeno Gesú figlio di Dio? Dove si sono cacciati?

STORPIO   Sono qua... eccoli che arrivano tutti in processione... siamo rovinati!

CIECO   C'è qui anche il santo?

STORPIO   Sí, è nel mezzo... e l'hanno caricato di una croce pesante, poveretto!...

CIECO   Non stare a perderti in compassione... sbrigati piuttosto a guidarmi in qualche luogo dove possiamo nasconderci ai suoi occhi...

STORPIO   Sí, andiamo... appoggia a destra... corri, corri, prima che ci possa guardare, questo santo miracoloso...

CIECO   Ohi, mi sono azzoppato a una caviglia... (tanto) che non sono piú capace di muovermi.

STORPIO   Ti venga un cancro, proprio adesso?... non potevi guardare dove mettevi i piedi?

CIECO   Eh no che non potevo guardare... ché io sono cieco e non mi posso vedere i piedi! Come non posso? Sí che li posso vedere... me li vedo! Mi vedo i piedi... o che bei due piedi che ho! Santi belli... con tutte le dita... quante dita? Cinque per piede... e con le unghie grossette e piccoline degradanti in fila... Oh, vi voglio baciare tutte, una per una.

STORPIO   Matto... statti (stai) buono che mi rovesci.

STORPIO   No dise... no 'l parla... no 'l se rebela... e no i varda miga d'inrabít, a quei scalmanat...

CIECO   E come i varda?

STORPIO   I varda con malencunia...

CIECO   Oh car fiol... no me dighi pü nagota de quel che va a süced che mi am senti sgriscí ol stomego... e freg al core, che g'ho pagüra che abia ves quajcos che somegia a la compasion.

STORPIO   Anch mi am senti ol fiat che am sgiungia al gargaroz e i sgrisci in d'i brasci... Andem, andem via de chi loga.

CIECO   Sí, 'ndem a serarse in quai lögu dua as poda fa' a men de gní a cugnusar di sti robi dulurusi. Mi cognoso una hosteria...

STORPIO   'Scolta!

CIECO   Cosa?

STORPIO   Sto gran frecas... chi a renta.

CIECO   No sarà miga ol santo fiol che ariva?

STORPIO   Oh, Deo grazia, no me farme stremire che saresimo perdüj... là intorna a la culona non gh'è pü niuno...

CIECO   Ne manco ol Jesus fiol de Deo? Dove i se son casciadi?

STORPIO   I son qua... ecoi che i riva toeti in procesion... a semo ruinadi!

CIECO   A gh'è chí anco ol santo?

STORPIO   Sí, a l'è in d'ol meso... e l'han cargado d'una crose pesanta, ol poareto!...

CIECO   No stat a perderte in compasione... desbregate pitosto a guidarme in quai lögu indoe ghe podemo nascondere ai so ögi...

STORPIO   Sí, andemo... pogia de drita... cori, cori, prima che ol ghe poda vardà, sto santo miracoloso.

CIECO   Ohj che me sont inzupad in d'una cavegia... che no sont piú capaz de moverme!

STORPIO   Te vegna un cancaro, improprio adeso?... no ti podevi guardare in do te metevi i pie?

CIECO   Eh no che no podevo vardare... che mi sont sguercio e no me podo vedar i pie! Come no i podo? Sí che i podo vedar... me i vedo! Me vedo i pie... o che bei doj pie che g'ho! Santi bei... con tuti i didi... quanti didi? Cinco par pie... e coi ongi grosete e picinine disgradante in fila... Oh, voi basarve toti, a un par uno.

STORPIO   Mato... staite bon che ti me stravachi. Ohj...

Ohi... che mi hai accoppato... disgraziato... se potessi prenderti a pedate... tieni! (*gli dà una pedata*).

CIECO   Oh meraviglia... vedo anche il cielo... e gli alberi... e le donne! (*Come se le vedesse passare*) Che
belle le donne!... Non tutte!

STORPIO   Ma sono stato proprio io che ti ho dato la
pedata? Fammi provare di nuovo: sí... sí... Che sia
maledetto questo giorno... sono rovinato!

CIECO   Sia benedetto questo figlio santo che mi ha
guarito! Vedo quello che non ho mai visto in vita
mia... ero stato (una) grama bestia a volermene
scappare da lui, ché non c'è cosa piú dolce e gioiosa
al mondo che valga la luce.

STORPIO   Il diavolo abbia a portarselo via e con lui,
assieme, quelli che gli sono riconoscenti... Dovevo
proprio essere tanto maledetto sfortunato da essere
guardato da quell'innamorato (uomo pieno d'amore)? Sono disperato! Mi toccherà morire di budelle
vuote... mi mangerei queste gambe risanate belle
crude, per il dispetto!

CIECO   Matto ero io, adesso lo vedo bene, a scappare
dal buon cammino per tenermi su quello oscuro...
che non sapevo io 'sto gran premio che fosse il ve-
derci! Oh belli i colori colorati... gli occhi delle
donne... le labbra e il resto... belle le formiche e le
mosche... e il sole... non ne posso piú che venga
notte per vedere le stelle e andare all'osteria a sco-
prire il colore del vino! Deo gratias, figlio di Dio!

STORPIO   Ohimè (Povero me)... ché mi toccherà andare sotto a un padrone a sudar sangue per mangiare... Oh mala sventura sventurata e porca... Dovrò andare intorno a cercarmi un altro santo che
mi faccia la grazia di storpiarmi di nuovo i gar-
retti...

CIECO   Figlio di Dio meraviglioso... non ci sono parole né in volgare né in latino che possano dire come sia un fiume in piena, la tua pietà! Schiacciato
sotto una croce, hai ancora in aggiunta tanto amore da pensare perfino alle disgrazie di noialtri disgraziati!...

che ti m'ha copad... disgrasio... at podesi tor a pesciadi... toi! (*gli dà una pedata*).

CIECO Ohj maravegia... ag vedi anca ol ciel... e i arbori... e le done! (*Come se le vedesse passare*) Bele, le done!... Miga tute!

STORPIO Ma sont stait propi mi che t'ho molat la pesciada? Fame provar de novo: sí... sí... C'ol sia malarbeto sto giorno... a sont roinat!

CIECO Ol sia benedeto sto fiol santo che ol m'ha guarit! A vedi quel che no g'ho gimai vedüo in vida mia... e geri stat grama bestia a vorseme scapar de lü, che no gh'è roba pi dolza e zoiosa al mondo co valga la luz.

STORPIO Ol diavol g'habia a menarselo via e con lü, insema, lo quei ch'ag sont recognisenti... Dueva propi es tant malarbío sfortunat de ves vardat da quel inamoros? A son desesperat! Am tocherà morir de buele svoie... am magnería ste giambe rinsanide bele crüe, p'ol despet!

CIECO Mato a gero mi, mo ol veghi ben, a scapare del bon camino par tegnirme su quelo scuro... che non saveva mi sto gran premio co fuse ol vederghe! Oh beli i colori coloradi... i ogi de e done... i lavri e ol rest... beli i formighi e e mosche... e ol sole... ag podi pü che vegna note par vedeg i stele e gní a l'ostaria a descovrir ol color del vin! Deo grazia, fiol de Deo!

STORPIO Ohj me mi... che 'm tocarà andar de sota a un padron a südar sangu per magnar... Ohi mala sventura sventurada sporscela... dovarò 'ndarme intorna a cerciarme un altro santo che ol me faga la grazia de storpiarme de novo i gareti...

CIECO Fiol de Deo maraviglioso... no gh'è parole né in volgar né in latino che poden di' co l'è un fium in piena, la tua pità! Schisciad sota una crose, ti g'ha anc'mo de giunta tanto amor de pensarghe pur anco e a desgrasiò de nojalteri disgrasiat!...

Un certo Smith, un inglese, nell'Ottocento ha raccolto in un volume parecchie rappresentazioni sacre d'Italia (foto 10). Ecco, questa è l'immagine di una rappresentazione che ancora oggi si esegue in Sicilia, esattamente nella Piana dei Greci. Questa rappresentazione indica tre momenti diversi di una stessa situazione: l'entrata di Cristo in Gerusalemme

Foto 10. « La Domenica delle Palme ». Stampa popolare del secolo XVIII.

– lo vedete, è il personaggio sotto le frasche, e tutt'intorno
il popolo festante –; Bacco; e infine la discesa di Dioniso al-
l'inferno. Dioniso è una divinità greca, di origine tessalico-
minoica, di quindici secoli avanti Cristo. Di lui si racconta
che era talmente preso d'amore per gli uomini che, quando
un demonio venne sulla terra e rubò la primavera per por-
tarsela all'inferno e godersela tutta per sé, si sacrificò per
gli uomini: salí in groppa a un mulo, scese all'inferno e
pagò di persona, con la propria vita, pur di permettere agli
uomini di riavere la primavera.

Ebbene, anche Gesú Cristo, quindici secoli dopo, è quel
Dio che viene sulla terra per cercar di ridare la primavera
agli uomini. La primavera, come ho detto prima, è la dignità: lo stesso tema di un altro pezzo che vedremo dopo. In
mezzo c'è Bacco, il dio dell'allegrezza, dell'ebbrezza addirittura, dell'andare in sgangherataggine ed essere felici.

Questo incastrare le divinità l'una dentro l'altra, notate,
non è casuale: è una tradizione continua, nella storia delle
religioni di tutti i popoli.

A raccontare questa storia, dunque, abbiamo il personaggio dell'ubriacone, personaggio-guida di questa giullarata. Il personaggio racconta come, andato ad una festa nu-
ziale, si sia ubriacato con il vino fabbricato, inventato
espressamente da Gesú Cristo. Gesú Cristo, dunque, che
diventa Bacco: e che ad un certo punto viene rappresentato
in piedi, sopra un tavolo, mentre urla a tutti i commensali:

«Imbriaghive, gente, feite alegreza, inciuchive, feit de bon». Siate felici, è questo che conta: non aspettate il paradiso dopo, il paradiso è anche qua sulla terra. Proprio il contrario di quello che ci insegnano a dottrina, da ragazzini, quando ci spiegano che, insomma, bisogna pur sopportare... siamo in una valle di lacrime... non tutti possono essere ricchi, c'è chi va bene e chi va male, ma poi tutto viene compensato dall'altra parte, quando saremo in cielo... state tranquilli, state buoni e non rompete le scatole. Questo, piú o meno.

Ora, invece, questo Gesú Cristo della giullarata dice: «Rompete pure le scatole e state in allegria».

Due sono i personaggi legati a questa rappresentazione: l'ubriaco e l'angelo. L'angelo, meglio un arcangelo, vorrebbe raccontare il prologo di uno spettacolo sacro, dentro i canoni tradizionali; l'ubriaco, carogna, gli vuol rovinare tutto quanto per raccontare la sbronza che s'è presa durante le nozze di Cana. L'angelo parla un veneto aristocratico, elegante, forbito; l'altro in un dialetto campagnolo, becero, pesante, e fortemente colorito. Eseguo il pezzo da solo, e non per un eccesso di esibizionismo: abbiamo provato a recitarlo in due attori, e abbiamo scoperto che non stava in piedi. Perché quasi tutti questi testi sono stati scritti per essere eseguiti da uno solo. I giullari lavoravano quasi sempre da soli: ce ne rendiamo conto dal fatto che, nel testo, tutto è alluso attraverso sdoppiamenti, indicazioni. Cosicché, attraverso questo gioco dell'immaginazione, tutta la carica di poesia e di comicità viene raddoppiata.

Proprio come succede davanti al televisore, dove, per evitare che tu faccia fatica, ti dànno tutti i particolari: e tu te ne stai lí, un po' beota, ti puoi addormentare, digerire, fare i ruttini rotondi... e il giorno dopo sei pronto per andare a lavorare, libero di testa e pronto a farti sfruttare di nuovo.

Qui, invece, bisogna far la fatica di immaginare.

Allora, quando sarò da questa parte della scena (*indica a sinistra*), sarò l'angelo, aristocratico, con bei gesti; quando sarò di là (*indica a destra*), sarò l'ubriaco.

(*Fino a quando il personaggio dell'angelo rimarrà in scena, ne verrà proiettata sul fondo l'immagine: foto 11*).

Foto 11. Un «Angelo», di Cimabue. Assisi, Triforio di San Francesco
(fine secolo XIII).

ANGELO (*al pubblico*) Fate attenzione, brava gente, che io voglio parlarvi di una storia vera, una storia che è cominciata...

UBRIACO Anch'io vi voglio raccontare di una sbronza... di una ubriacatura...

ANGELO Ubriacone!...

UBRIACO Vorrei parlarvi...

ANGELO Zitto... non parlare!

UBRIACO Ma io...

ANGELO Zitto... devo sprologare io, che sono il prologo! (*Al pubblico*) Buona gente, tutto quello che vi andremo a raccontare sarà tutto vero, tutto incomincia dai libri e dai vangeli. Tutto quello che è sortito non è di fantasia...

UBRIACO Anch'io vi voglio raccontare, non di fantasia: mi sono presa una ubriacatura cosí dolce, una ubriacatura bellissima che non voglio piú ubriacarmi al mondo per non dimenticarmi di questa ubriacatura bellissima che ho addosso adesso. Che è una ubriacatura...

ANGELO Ubriacone!...

UBRIACO Vorrei raccontare...

ANGELO No! Tu non racconti... eh?!

UBRIACO Eh... ma io...

ANGELO Sssss!...

UBRIACO Ma io... no?

ANGELO Buona gente... Tutto quello che andremo a raccontarvi sarà tutto vero, tutto è sortito dai libri e dai vangeli. Quel poco che ci abbiamo aggiunto di fantasia...

UBRIACO (*pianissimo*) Dopo vi racconto di una ubriacatura bellissima...

ANGELO Oh! ubriacone...

UBRIACO Non facevo niente... solo col dito.

ANGELO (*al pubblico*)   Feite atenzion, brava zente, che mi
   voi parlarve de una storia vera, una storia che l'è cominzada...

UBRIACO   Anco mi ve voi contare de ona cioca... de un'imbriagadura...

ANGELO   'Briagon!...

UBRIACO   Voria parlarve...

ANGELO   Cito... no parlare!

UBRIACO   Ma mi...

ANGELO   Cito... debio sprologare mi, che son lo sprologo!
   (*Al pubblico*) Bona zente, tutto quello che andremo a
   contare ol sarà tuto vero, tuto recomenzao dai libri o
   dai vanzeli. Tuto quelo che l'è sortío non elo de fantasia...

UBRIACO   Anco mi voi contar, no de fantasia: me son catat un'imbriagadura si dolza, una cioca belisima che non
   me vogio catar gimai plu cioche al mondo per non de-
   smentegarme de questa cioca belisima che g'ho adoso
   adesso... Che l'è una cioca...

ANGELO   'Briagon!...

UBRIACO   Vorria contare...

ANGELO   No! Ti non te conti... eh?!

UBRIACO   Eh... ma mi...

ANGELO   Sssss!...

UBRIACO   Ma mi... no?...

ANGELO   Bona zente... Tuto quelo che andaremo a contar-
   ve ol sarà tuto vero, tuto o l'è sortío dei libri o dei vanzeli. Quel poco che gh'em tacat de fantasia...

UBRIACO (*pianissimo*)   Dopo ve racconto de una cioca belisima...

ANGELO   Oh! imbriagon...

UBRIACO   Non fazeva niente... solamente col dido!

ANGELO   Neanche col dito.

UBRIACO   Ma non faccio rumore col dito!

ANGELO   Fai rumore... rrrr...

UBRIACO   Faccio rumore col dito?!... Beh, lo farò col
cervello... Io penso... penso... penso... e con gli occhi... e loro capiscono!

ANGELO   No!

UBRIACO   Ma non faccio rumore col cervello...

ANGELO   Fai rumore!

UBRIACO   Faccio rumore col cervello? Boia!... Sono
ubriaco davvero... Maria Vergine!

ANGELO   Non fiatare!

UBRIACO   Come? Non posso fiatare? Nemmeno col
naso?... Scoppierò! E...

ANGELO   Scoppia!

UBRIACO   Ah... ma... se scoppio farò rumore, eh!

ANGELO   Sssss!

UBRIACO   Ma... io...

ANGELO   Di tutto quello che andremo a raccontare
sarà tutto vero, tutto è sortito dai libri, dai vangeli: quel poco che vi abbiamo aggiunto di fantasia...

L'ubriaco si avvicina all'angelo e gli strappa una
piuma.

UBRIACO (*pianissimo, mimando di far volare la piuma*)
Oh, che bella piuma colorata...

ANGELO   Ubriacone!...

UBRIACO (*sussulta e mima di ingoiare la piuma, tossisce*) Eh... ma...

ANGELO   Sssss...

UBRIACO   Eh, ma io... non...

ANGELO   Tutto quello che andremo a raccontare sarà
tutto vero, tutto è sortito dai libri, dai vangeli...
(*L'ubriaco torna vicino all'angelo e gli strappa delle
altre piume, mima l'ammirazione per le medesime,
si fa vento e si pavoneggia. L'angelo se ne accorge*)
Ubriacone!...

UBRIACO   Eh?... (*Buttando in alto le piume*) Nevica...

ANGELO   Ma vuoi sortire da questo palco?!...

UBRIACO   Io sortirei volentieri, se tu mi accompagni,
che io non sono capace di tirare (buttare) avanti
un piede... che casco, vado a sbattere il grugno per
terra... Se tu sei tanto buono da accompagnarmi,
poi io ti racconto di questa ubriacatura bellissima...

ANGELO   Nemanco col dido.

UBRIACO   Eh, ma non fago rumor col dido!

ANGELO   Ti fa' rumor... rrrrr...

UBRIACO   Fago rumor col dido?... Lo fagarò col servelo... Mi ghe penso... penso... penso... e coi ogi... e loro i capise!

ANGELO   No!

UBRIACO   Ma non fago rumor col servelo...

ANGELO   Ti fa' rumor!

UBRIACO   Fago rumor col servelo? Boia!... Son imbriago davero... Maria Vergine!

ANGELO   No fiadar!

UBRIACO   Come? Non podo fiadar?... Manco col naso?... A s'cioparò! E...

ANGELO   S'ciopa!

UBRIACO   Ah... ma... se a s'cioparò a fagarò rumor, ah!

ANGELO   Sssss!

UBRIACO   Ma... mi...

ANGELO   De tuto quelo che andaremo a contare ol sarà tuto vero, tuto o l'è sortío dai libri, dai vanzeli: quel poc che gh'em tacat de fantasia...

L'ubriaco si avvicina all'angelo e gli strappa una piuma.

UBRIACO   (*pianissimo, mimando di far volare la piuma*) Uhi, che bela pluma colorada...

ANGELO   'Briagon!...

UBRIACO   (*sussulta e mima di ingoiare la piuma, tossisce*) Eh... ma...

ANGELO   Sssss!

UBRIACO   Eh, ma mi... non...

ANGELO   Tuto quelo che andaremo a contar el sarà tuto vero, tuto o l'è sortío dai libri, dai vanzeli... (*L'ubriaco torna vicino all'angelo e gli strappa delle altre piume, mima l'ammirazione per le medesime, si fa vento e si pavoneggia. L'angelo se ne accorge*) 'Briagon!...

UBRIACO   Eh?... (*Buttando in alto le piume*) Nevega...

ANGELO   Ma ti vol sortir da sto palco?!...

UBRIACO   Mi sortaría volentera se ti me t'accompagni, che mi no son capaz de tra' avanti un pie... ca me stravaco, a me ribalto an grugnarme par tera... Se ti et tanto bon de compagnarme, dopo mi te conto de sta cioca belissima...

ANGELO Non mi interessa di questa ubriacatura...
    Fuori!... Fuori!... Ti caccio fuori a pedate veh!...
UBRIACO Ah! mi cacci a pedate?
ANGELO Sí, a pedate... Fuori!...
UBRIACO Gente!... Avete ascoltato? Un angelo che
    mi vuol buttare fuori a pedate... a me! Un angelo...
    (Aggressivo rivolto verso l'angelo) Vieni... vieni,
    angiolone... vieni a buttarmi fuori a pedate, a me!
    Che io ti strappo le penne come a una gallina... ti
    strappo le penne a una a una, anche dal culo... dal
    di dietro... Vieni, gallinone... Vieni!
ANGELO Aiuto... Non toccarmi... Aiuto... Assassino...
    (Fugge).
UBRIACO Assassino a me?!... Avete ascoltato?... Mi
    ha detto assassino... Io che sono cosí buono che mi
    esce bontà anche dalle orecchie... che mi si rovescia
    per terra, da scivolarci sopra... E come potrei non
    essere buono con questa sbronza bellissima che ho
    preso? Che io non immaginavo che sarebbe finita
    cosí bene questa giornata, che era cominciata in
    modo maledetto, disgraziato...
    Io ero invitato a un matrimonio, uno sposalizio, in
    un luogo qui vicino, che chiamano Cana... Cana...
    che apposta, dopo, gli diranno: nozze di Cana. Io
    ero invitato... dico... sono arrivato... c'era già tutto
    il banchetto (tavolo) per lo sposalizio pronto, con
    la roba da mangiare sopra... e nessuno degli invi-
    tati che fosse seduto a mangiare. Erano tutti in pie-
    di che davano pedate per terra... che bestemmia-
    vano. C'era il padre della sposa, davanti ad un mu-
    ro, che dava testate... a ripetizione, cattivo!... «Ma
    cosa è successo?» chiedo io... «Oh, disgrazia...»
    «È scappato lo sposo?...» «Lo sposo è quello che
    bestemmia piú di tutti». «E cosa è successo allo-
    ra?» «Oh disgrazia... abbiamo scoperto che una
    botte intera di vino, un tino di vino preparato per il
    banchetto di matrimonio, si è mutato in aceto».
    «Oh... oh... tutto il vino in aceto?... Oh, che disgra-
    zia... sposa bagnata è fortunata, ma bagnata nell'ace-
    to è disgraziata da schiacciare... da cacciare via!...» E
    tutti che piangevano, bestemmiavano, la madre del-
    la sposa si stracciava (strappava) i capelli, la sposa
    piangeva, il padre della sposa dava testate a ripeti-
    zione nel muro. In quel mentre arriva dentro un
    giovane, un certo Gesú, uno che gli dicono... figlio
    di Dio, di soprannome. Non era solo, no, era ac-
    compagnato dalla sua mamma, una che le dicono
    (la chiamano) la Madonna. Gran bella donna!!!
    Erano invitati di riguardo che arrivavano giusto

ANGELO   No me interesa de questa cioca... Fora!... Fora!...
Te descàsso fora a pesciade, veh!...

UBRIACO   Ah! me scasci a pesciade?

ANGELO   Sí, a pesciade... Fora!...

UBRIACO   Zente!... Aví ascultat? Un anzol ch'el me vol
trar fora a pesciade... a mi! Un anzol!... (*Aggressivo rivolto verso l'angelo*) Vegne... vegne, anzelon... vegne a
trarme fora a pesciade, a mi! Che mi te strapeno 'me
'na gaína... at strapo i plume a una a una, anco dal cul...
dal di drio... Vegne, galinon... Vegne!

ANGELO   Aída... No tocarme... Aída... Sassinoo... (*Fugge*).

UBRIACO   Sasino a mi?!... Aví scultat?... M'ha dit asa-
síno... Mi che sont inscí bon che me sorte bontà fin'anco
dale oregie... che me se spantega par tera, svisegarghe
soravía... E come podaría non eser bon con sta cioca belisima c'hoi catat? Che mi non imazinava mia che se
saría finida si ben sta zornada, ca o l'era cominzada in
una manêa malarbeta, desgrasiada...
Mi s'eri invitado in un matrimonio, un spusalisio, in un
loegu chí tacat arent, che s'ciamen Cana... Cana... che
aposta, dopo, ghe digarano: nozze di Cana. Mi s'ero in-
vitato... digo... sono arivato... gh'era già tütu ol banchet
per ol spusalizio impruntat, cun la roba de magnar soravía... e gh'era nisün de invitati che füssen sentat a magnare. Geren tüti in pie ch'oi deveno pesciadi par tera...
ch'oi biastemava... O gh'era ol patre de la sposa, davanti
a un muro, col dava testunade... a rebatún, cativo!...
«Ma cossa è süccess cosa?» dumandi mí... «Oh, disgrassia...» «A l'è scapat ul sposu?...» «Ul sposu l'è quelu
col biastema piú de tüti». «E cosa l'è süccessu cus'è?»
«Oh, disgrassia... emo discoverto che una botte intera
de vin, un tinasso de vin impruntat per ul banchet de
matrimoni, ul s'è reversat in aset...» «Oh... oh... tütt
el vin in aset?... Oh, che disgrassia... spusa bagnada a l'è
furtünada, ma bagnada in t'ul aset l'è disgrassiada de
schisciare... de casciare via!...» E tüti che piagneva, biastemava, la matre de la sposa la se trasciava i cavej, la
sposa la piagneva, ul patre de la spusa dava testunade
a rebatún süll muro. In quel mentre riva dent un giúine,
un zúvine, un certo Jesus, vün de ghe dígono... fiol de
Deo, de sovranome. No l'era sulengo, a no, l'era incum-
pagnat de la sua mama, vüna che ghe díghen la Madona.
Gran bela dona!!! Eveno invitati de riguardo, che riva-

con un po' di ritardo. Appena questa signora Madonna è venuta a sapere di questo pasticcio che c'era in piedi (questo fatto) che si era mutato il vino in aceto, è andata vicino al suo Gesú, figlio di Dio e anche della Madonna, e gli ha detto: «Tu che sei tanto buono, giovane caro, che fai delle cose meravigliose per tutti, guarda se hai il piacere di tirar fuori da questo pasticcio che ha imbarazzato (messo nell'imbarazzo) questa povera gente». Appena che ha parlato cosí la Madonna, tutti, subito, hanno visto spuntargli, fiorirgli sulle labbra di Gesú un sorriso cosí dolce, ma cosí dolce su 'ste labbra, che se non stavi attento, per la commozione, ti si staccavano le rotelle (rotule) dalle ginocchia e tombolavano (cadevano) sui ditoni (alluci) dei piedi. Dolce 'sto sorriso!... Appena ha finito di parlare, questo giovane ha dato un bacettino sul naso alla sua mamma e ha detto: «Bene, gente, potrei avere dodici secchie piene di acqua chiara e pulita?» È stato un fulmine, tracchete, dodici secchie sono arrivate lí davanti, piene d'acqua, che io, a vedere tutta quell'acqua in un colpo solo, mi sono sentito perfino male, mi sembrava di annegare... boia!... S'è fatto un silenzio che sembrava di essere in chiesa al Santus, e questo Gesú si è stropicciato un po' le mani, dando di schiocco (schioccando le dita), e poi ha alzato una mano, con tre dita solamente, ché le altre due le teneva schiacciate (contro il palmo), e ha cominciato a fare dei segni sopra l'acqua... dei segni che fanno solamente i figli di Dio. Io, che ero un po' in là, che (come) ho detto (prima) l'acqua mi fa impressione a guardarla, non guardavo, ero appoggiato sopra lí (in disparte), rattristato, e di colpo mi sento arrivare dentro i buchi del naso un profumo come di uva schiacciata, non ci si poteva confondere... era vino. Boia, che vino! Me n'hanno passata una brocca, ho appoggiato le labbra, ne ho mandato giú un goccio, boia!... Oh... Oh... beati del purgatorio che vino!... Abboccato appena, amarognolo nel fondo, un poco frizzantino, salatino nel mezzo, che mandava luccichii (rosso) di garanza, bagliori dappertutto, senza fiori né bave, tre anni di stagionatura almeno, annata d'oro! Che andava giú scivolando per il gargarozzo a gorgogliare fin nello stomaco, si sparpagliava un pochettino, restava lí di rimpiazzo, poi, gnoch, dava un colpo, tornava indietro a rotoloni giú per il gargarozzo, arrivava fino ai buchi del naso, si spargeva fuori tutto il profumo... che se passava uno anche a cavallo, di corsa, gniuu... bll... «È primavera!» gridava. Che vino!... E tutti che applaudivano Gesú, «Bravo Gesú, sei divino!» E la Madonna!... la

ven giüsta un pu de ritard. Apena questa sciura Madona
l'è vegnüda a saver de sto impiastro burdeleri che o
gh'era in pie per sto fatto che s'era roversat el vin en
aset, la gh'è andada visín al so Jesus, fiol de Deo, e anca
de la Madona, g'ha dit: «Ti che ti è tanto bon, zovin
caro, che te fa' de robe meravigliose par tüti, varda se te
ha el plaser de traj foera de impiaster burdeleri che i ha
infesciat sta povera zent». Apena che l'ha parlat inscí
la Madona, tüti, sübit, han vist spuntag, fiorirghe sui
laver del Jesus, un suriso inzí dolzu, ma inzí dolzu in sü
sti làver, che se nu te stavet atentu, par la cumusiun, te
se stacava i rudeli di genöcc e tumburlaven süi didón
dei pie. Dolze stu surisu!... Apena l'ha finí de parlà, stu
zovin el g'ha dà un bazutin sül nas a la sua mama e l'ha
dit: «Bon, zente, podria verghe dodeze sidele impiendide de aqua ciara e neta?» L'è stat un fülmin, trachete,
dodeze sidele son rivà lí davanti, impiendide d'acqua,
che mi, vedè tuta quel'acqua in un colp sol, me sont sentí infin male, me pareva de negare... boja!... S'è fai un
silensio che pareva de vesser in gesa al Santus, e stu
Jesus l'ha insciuscicà un po' cui man, dando de s'cioch,
de tiron cui dit, a s'cioch, e pö l'ha valzà su una man,
cun tri dit sulamente, chi i alter dü i e tegneva schisciat,
e l'ha cuminzat a far di segni suravía a l'acqua... di segni
che fan solament i fiol de Deo. Mi, che eri soravía, che
ho dit, l'acqua me fa impression vardarla, e non vardava, s'eri pugià sora lí, un po tristansö, e son lí, d'un
boto me senti rivà de dent i böcc del nas un parfüm
cume de uva schisciada, nun pudeva cunfunderse... a l'e-
ra vin. Boja, che vin! Me n'han pasat una broca, g'ho
pugià i lavre, hu mandà giò un gut, boja!... Oh... Oh...
beati del purgatorio che vin!... Bucat apena, amareul in
tul funt, un frizzich frizzantin, saladín in tul mezz, c'ol
mandava stralüzz de garanza, di barbaj da par tüt, senza
fiur né bave, tri an de stagiunadüra al manco, anata d'o-
ra! C'ul andava giò sluzigando par ul gargozz a gor-
gnuà fin in dul stomigh, ul s'e spenelava un pochetin, ul
restava lí do rimpiaz, peu, gnoch, ol dava un ribasón,
turnava indré a rutulún giò par ol gargozz, ol rivava fina
ai böcc del nas, ol se spantegava in feura tütt el parfüm... che se pasava vün anca a cavalo, de cursa, gniuu...
bll... «A l'è primavera!» el vusava! Che vin!... E tüti
che aplaudiva al Jesu, «Bravo Jesus, at sei divino!» E

Madonna, la sua mamma di lui, andava in estasi
per la soddisfazione, l'orgoglio di trovarsi un figlio
cosí bravo a tirar fuori (ottenere) dall'acqua il vino. Di lí a un po' eravamo tutti ubriachi. C'era la
madre della sposa che ballava, la sposa era giuliva,
lo sposo saltava, il padre della sposa, davanti a un
muro, dava testate a ripetizione, cattivo... che nessuno lo aveva avvertito!... Gesú era montato in cima a un tavolo, in piedi, e mesceva vino per tutti:
«Bevete gente, fate allegrezza (siate allegri), ubria-
catevi, non aspettate dopo, allegria!...»
E dopo, di colpo si è accorto della sua mamma:
«Oh sacra donna! oh Madonna! mamma! mi sono
dimenticato, scusatemi, tenete un goccio anche voi,
bevetene un goccio». «No, no, figliolo, grazie, ti
ringrazio, ma io non posso bere, ché io non sono
abituata al vino, mi fa girar la testa... e dopo dico
le stupidaggini».
«Ma no, mamma, non ti può far male, ti porterà
solamente un po' di allegria! Non ti può far male,
questo vino, è vino schietto questo, è vino buono...
l'ho fatto io!...»
E poi, ci sono ancora delle canaglie, maledette, che
vanno in giro a raccontare che il vino è un'invenzione del diavolo, ed è peccato, che è un'invenzione
del diavolo satanasso... Ma ti parrebbe che se il vino fosse un'invenzione del diavolo satanasso, Gesú
l'avrebbe dato da bere alla sua mamma? Alla sua
mamma di lui? Che lui è preso da tanto amore per
lei, che io non ho per tutta la grappa di questo mondo! Io sono sicuro che se il Dio Padre in persona,
invece di insegnarglielo al Noè, tanto tempo dopo,
questo trucco meraviglioso di schiacciare l'uva, di
tirar fuori il vino, glielo avesse insegnato subito,
fino dal principio, all'Adamo, subito, prima del-
l'Eva, subito!... non saremmo in questo mondo maledetto, saremmo tutti in paradiso, salute! Perché
sarebbe bastato che quel giorno maledetto che appresso all'Adamo è arrivato il serpentone canaglia
con in bocca la mela e diceva: «Mangia la mela,
Adamo!... dolci, buone, dolci, rosse, buone le mele!», sarebbe bastato che in quel momento l'Adamo avesse avuto vicino un bicchierotto di vino...,
uht: avrebbe preso a pedate tutte le mele della terra, e noi saremmo tutti salvi in paradiso! È stato
lí il gramo peccato, ché i frutti non erano stati crea-
ti per essere mangiati, ma per essere pestati, schiac-
ciati: che con le mele schiacciate si fa il buon sidro,

la Madona!... la Madona, la sua mama de lü, l'andava in strambula par la sudisfaziun, l'urguglianza de trovarse un fiolo inscí bravo a tra' foeura de l'aqua el vin. De lí un poco sevum tüti inciuchit, imbriagati. O gh'era la matri de la sposa che la balava, la sposa o l'era ciultai, ol spos ch'ul saltava, ol patri de la sposa, davanti a un muro, c'ul dava testunade a ribatón, cativo... che nessün ol gaveva vertido!... Ol Jesus a l'era montat in copa a un taulo, in pie, ul masceva vin par tüti. «Beve' gente, feit alegria, inchiuchive, imbriaghive, no aspetí dopo, alegria!...»

E dopo, in d'un colpo el s'è incurgi' dela sua mama: «Oh sacra dona! oh Madonna! mama! me sun smentegat, scüseme, tegnevine un goto anca vui, bevetne un goto». «No, no, fiol, grasie, at ringrasi, ma mi non podi bever, che mi non sono abitüada al vino, me fa turnà la testa... che dopo disi i stupidadi».

«Ma no, mama, no te pò far mal, te menarà solamente un po' de alegria! No te pò far mal, stó vino, a l'è vin s'ceto questo, a l'è vin bon... a l'hu fai me!...»

E peu, a ghe son amò di canaja, malarbeti, che va intorna a racontare che ol vino a l'è un'invension del diaol, e l'è pecato, l'è un'invension del diaol satanazzo... Ma te paresse che se ol vin ol füdesse un'invension del diaol satanazz, ol Jesus ghe l'avaria dato de bever a la sua mama? A la sua mama de lü? Che lü l'è ciapat de tanto amor par le, che mi no g'ho par tüta la sgnapa de sto mundo! Mi son sicuro che se el Deo Padre in la persona, invece de impararghelo al Noè, tanto tempo dopo, sto truco meravigioso de schisciare l'üga, de trar foeura el vino, ol ghe l'avesse insegnat subito, fin dal prinzipio, all'Adamo, subito, prima dell'Eva, subito!... non saresmo in sto mundo malarbeto, saresmo tuti in paradiso, salüt! Parché a l'era a basta che in tul zorno malarbeto che atacato, a renta a l'Adamo, a l'è arivato el serpentun canaja cont in boca la poma e ol diseva: «Magna la poma, Adamo!... dolze, bone, dolze, rosse, bone le pome!», basta ca in quel momento ul Adamo ul gh'aves vüt tacat, arenta, un bicerot de vin..., uht: l'avría catat a pesciadi tüti i pomi de la terra, e nüm seresmo tüti salvi in paradiso! O l'è stai lí ol gramo pecat, che i früti no i era stati creadi par esser magnadi, ma par eser intorcicadi, schisciadi: che co le pome schisciade se fa ol bon sidro, coi

con le ciliege schiacciate si fanno le buone grappe
dolci, e l'uva... è un peccato mortale mangiarla!
con quella si deve fare il vino! E io sono sicuro che
per quelli che sono stati onesti e savi in vita, in
cielo, sarà tutto di vino! Bestemmio? No che non
bestemmio no! Io mi sono trovato in sogno, morto. Mi sono sognato una notte di essere morto, e
mi sono sognato che mi venivano a prendere, mi
portavano fuori in un luogo tremendo dove c'erano tanti bacili fondi e dentro a ogni bacile c'era
un dannato, poveretto! Immerso dentro, in piedi,
in un'acquaccia rossa che sembrava sangue, in piedi! E io ho cominciato a piangere. «Oh Dio!... son
capitato all'inferno! maledetto che ho fatto peccati!» E intanto che piangevo, mi stracciavano di
dosso tutti i vestiti e incominciavano a lavarmi,
strofinarmi, a pulirmi in una maniera che cosí pulito, con l'acqua bollente, fredda, che nemmeno di
Pasqua mi era mai capitato di essere tanto pulito!
Una volta che ero (che sono stato) ben pulito, mi
hanno calato dentro a un'acquaccia rossa, in un
gran bacile... glu... glu... glu... in questa acquaccia
rossa che montava (saliva) fino alle labbra. Io ho
chiuso le labbra, ma un'onda, a ridosso, è arrivata
e... troc... m'è andata dentro... dentro nei buchi del
naso... uff... mi è andato giú un... golone (gran sor-
so)... ero in paradiso!... Era vino! Boia! E subito
ho capito che meravigliosa invenzione era stata
quella del Dio Padre, per i beati, ché erano tutti
beati là dentro, che per non fargli far fatica ai poveri beati ad alzare ogni volta il gomito col bic-
chiere col vino e riempire, aspettare di riempirselo
di nuovo... li aveva immersi, tutti i beati, dentro
fino alle orecchie in bicchieroni di vino, in piedi,
fino alla bocca, che bastava alzare su senza fatica...
alzare il labbro per dire: «Buongiorno, signori!»
e gluch... e io ho cominciato a cantare: «La mia
morosa vorrebbe essere vogliosa», glug... glug...
Aiuto, annego... glug... che bell'annegare! Glug...
glug... galò... ga... lò... glam... glo... glo...

scirese schisciade s'fai le bone sgnape dolze, e l'uva... l'è
un pecat mortale magnarla! con quela s'dev fa' el vino!
E mi a son sicuro che per quei che son stati onesti e
savi in vita, in cielo, ol sarà tüto de vin! Biastemio? No
che no biastemio mia! Mi me sont truvat in un insogna-
mento, morto. Me sunt insugnat una nott de vesser morto, e me sunt insugnat che me vegneven a catà, me pur-
taven foeravia in un lögu tremendu dove gh'eren tanti
basloti fundi e dentar a ogni basloto gh'era un danat,
poverazzo! Incalcao dentar, in pie, in una rugiassa rusa,
un'acquascia rusa che la pareva sangue, in pie! E mi ho
cuminzà a pianser. «O Deo!... sunt capitat a l'inferno!
maledetto che ho fai pecat!» E intanto che mi piangeva,
me strasciaven foera tüti i pagn de dosso e incuminziava
a lavarme, a sgürarme, a netarme d'una manera che cussí
pulito, coll'acqua sboienta, freda, che ne manco de Pasqua ne m'era gimai capitat de esser tanto pulito! 'Na
volta ca era ben netat, m'han calat de denter a un rugias
russ, un baslot... glu... glu... glu... in st'acquascia rusa ca
muntava fina ai lavri. Mi ho serà i lavri, ma una onda,
a rebatún, a l'è rivada e... troc... m'è 'ndà dentar... dentar in di böcc del nas... uf... a me 'ndai giò un... gulun...
a s'eri in tul paradis!... A l'era vino! Boia! E de subito
ho capit che meravigiosa invensiun o l'era staita quela
del Deo Padre, per i beati, che erano tüti beati là dentro, che per non farghe fa' fadiga ai poveri beati a valzà
ogni volta el gumbit, col bicer col vino a impienir, e
specià de impienisel de novo... i aveva incarcai, tüti i
beati, dentar, fina ai oregi, in biceroni de vino, in pie,
fino a la boca, ca l'era basta valzà sü senza fadiga... valzà
ul laver par di': «Buondí, sciuri» e gluch... e mi ho cuminzà a cantà: «La mia morosa voría ves voliosa»,
glug... glug... Aída, aneghi, glug... che bel negare! Glug...
glug... galò... ga... lò... glam... glo... glo...

Questo è un ubriaco (foto 12), meglio, un giullare che recita la parte di un ubriaco. È un affresco databile intorno al
1100, che si trova in una chiesetta romanica della Provenza:
può essere che rappresenti proprio il pezzo che ho eseguito
stasera. Questo testo è comunque conosciuto in molte lin-
gue e dialetti diversi: se ne conosce una redazione anche in

Foto 12. «L'ubriaco». Affresco parietale di una chiesa romanica
della Provenza (secolo XI).

Baviera. È una testimonianza di quanto fossero importanti
gli spettacoli e la figura del giullare: come vedete, erano di-
pinti addirittura sui muri delle chiese.

Vi reciterò ora un pezzo nuovo che ho recitato solo due
volte, ieri e l'altro ieri. Ma mi fa sempre un po' d'emozione
il riprenderlo, perché è un pezzo di una difficoltà estrema.
Si tratta della *Nascita del giullare*. È un pezzo che è legato,
nella propria origine, all'Oriente, ma che noi conosciamo
in una versione di origine siciliana. La Sicilia era legata al-

l'Oriente, non soltanto da motivi economici e commerciali, ma anche da ragioni geografico-politiche, e quindi culturalmente. Specialmente in quel periodo, 1200, periodo in cui in Italia si comincia a ritrovare qualche documento di questo pezzo che io sto per recitare. Però ce n'è un altro, piuttosto antico, del quale non si conosce con esattezza la datazione, che è delle nostre parti, più esattamente bresciano-cremonese. Il testo ritrovato non era nemmeno intiero, ma a frammenti. Avevo l'intenzione di ricostruirlo, ma non avevo il coraggio di impostarlo. Sono andato in Sicilia proprio l'anno scorso e abbiamo trovato, nella biblioteca di Ragusa, grazie a un compagno che ci ha portato, l'intiero testo in siciliano, straordinario! Di una violenza incredibile, l'ho anche imparato in siciliano: una lingua che ci suonerebbe però arcaica, incomprensibile. Ne ho fatto una traduzione lombarda, che capirete senz'altro meglio. Che cosa racconta questa giullarata? Ci troviamo davanti a un giullare il quale racconta che prima di diventare giullare era un contadino e che fu Cristo a renderlo giullare. Come mai gli ha imposto questo nuovo mestiere? Aveva della terra, ma un padrone voleva portargliela via. Ma io non aggiungerò altro perché ho notato che tutto quel che dico oltre a questo discorso è inutile, lo capirete da voi soli. Non vi preoccupate se all'inizio non capirete alcune frasi, alcune parole: il senso, i gesti, il suono vi aiuteranno. Attraverso i gesti e i suoni potrete indovinare il significato che va correndo dentro questa storia.

– Oh, gente, venite qui che c'è il giullare! Giullare son io, che salta e piroetta e che vi fa ridere, che prende in giro i potenti e vi fa vedere come sono tronfi e gonfi i palloni che vanno in giro a far guerre dove noi siamo gli scannati, e ve li faccio sfigurare, gli tolgo il tappo e... pffs... si sgonfiano. Venite qui che è l'ora e il luogo che io faccia da pagliaccio, che vi insegni. Faccio il saltino, faccio la cantatina, faccio i giochetti! Guarda la lingua come gira! Sembra un coltello, cerca di ricordartelo. Ma io non sono stato sempre... e questo che vi voglio raccontare, come sono nato. Non che io non sono nato giullare, non sono venuto con un soffio dal cielo e, op! sono arrivato qui: «Buongiorno, buonasera». No! Io sono il frutto di un miracolo! Un miracolo che è stato fatto su di me! Volete credermi? È cosí! Io sono nato villano. Villano, contadino proprio. Ero triste, allegro, non avevo terra, no! Ero arrivato a lavorare, come tutti in queste valli, dappertutto. E un giorno sono andato vicino a una montagna, ma di pietra. Non era di nessuno: io l'ho saputo. Ho chiesto: «No! Nessuno vuole questa montagna!» Allora io sono andato fino in cima ho grattato con le unghie e ho visto che c'era un po' di terra, e ho visto che c'era un filino d'acqua che scendeva, e allora ho cominciato a grattare. Sono andato in riva al fiume, ho schiantato queste braccia, ho portato la terra (alla montagna), c'erano i miei bambini, mia moglie. È dolce mia moglie, bianca che è, ha due seni tondi, e l'andamento morbido che ha, che sembra una giovenca quando si muove. Oh! è bella! Le voglio bene io e voglio parlarne. La terra ho portato su con le braccia e l'erba (cresceva velocemente) faceva: pff... e veniva su di tutto. E dài che era bello, era terra d'oro! Piantavo la zappa e... pff... nasceva un albero. Meraviglia era, quella terra! Era un miracolo! C'erano pioppi, roveri e alberi dappertutto. Li seminavo con la luna giusta, io conoscevo (io sapevo), e cresceva roba da mangiare, dolce, bella, buona. C'era cicorino, cardi, fa-

– Ahh... gent... vegní chí che gh'è 'l giular! Giular ca
son mi... che fa i salt e ca 'l tràmbula e che... oh... oh... a u
fai rider, ca foi coi alt e fai vedar com'a sont groli e grosi
i balon che vai d'intorna a far guere son sfigürat, o trai via
el pileo e... pffs... soi sengobrà. Vegní chí ca è ora e lögu
ca'l fa 'l pajasso tütt inturna, mi a v'insegni, vegna... vegna... Ul fa el saltin, ul fa el cantin, ul fa i giüghetti! Va' la
lengua 'me la gira! Ah... ah... a l'è un cultell... boja sta' a
recurdat... Ma mi no a l'era sempar... quest ca voi contar,
come sunt nasüo. Che mi non son nasüo giular, non son ve-
gnú d'un fiat dal zielo, e, op! e son rivà chi: «Bondí, bona-
sera». No! Mi a son el frai d'on miracol! Un miracol es fait
sü d' me! Vuri' credem? U l'è fait! Mi son nasüt vilan. Vilan, cuntaden propi. U s'eri tristo, alegro, no g'avevi tera,
no! U s'eri rivado a 'ndà a lavurar, paréi a tüti in de sti vaj,
da partütt. E un zorno u jtat vesen 'na muntagna, ma de
piera. U l'era de nissün, u l'hai saüdo. U dimandat: «No!
Nissün veul sta muntagna!» E mi sunt andai fin su... sun
'dait raspà cuj ung e hu vist che gh'era un po' de tera, e hu
vist che gh'era un filolin di aqua co l'andeva da giò de basso, e alora hu scuminsà a gratare. Son andai a tacat al fiüm,
hu sbrancat inscí ste brasce, hu te portat la tera, u gh'era i
me fjulit, la mia mujer. U l'è dolza la mia mujer, blanca c'u
l'è, u l'ha dü zine tunde, e l'andar morbido cu l'hai... cu la
par 'na giunca ca meuvasse. Oh... l'è bela! A'g voj ben mi,
e voj parlarne. La tera u purtà sü coi brasci! e l'erba, che
fasevet: pfut... e te vegneva sü tütu. E dài ca l'era belo,
l'era tera d'ora! U ciapeva la sapa, u te la meteva e... zu...
te nasseva un arbero. Meravegia, u l'era sta tera: u l'era un
meracol! U andava piopi, u andava tüti i arbori, a roveri,
andava da pertütu. I andava a semenar 'n la lüna giüsta, mi
cunusseva! E vegniva roba de magnar dulza, bela, bona. U

gioli, rape, c'era di tutto. Per me, per noi! Oh, ero
contento! Si ballava, e poi pioveva sempre per dei
giorni e il sole scottava e io andavo, venivo, le lune
erano giuste e non c'era mai troppo vento o troppa
nebbia. Era bello! bello! Era terra nostra. Bello era
questo gradinone. Ogni giorno ne facevo uno, sembrava la torre di Babele, bella con queste terrazze. Era
il paradiso, il paradiso terrestre! Lo giuro. E tutti i
contadini passando dicevano:

— Che culo che hai, boia, guarda: da una pietraia
l'hai tirata fuori! Me disgraziato che non l'ho pensato!

E avevano invidia. Un giorno è passato il padrone
di tutta la valle, ha guardato e ha detto:

— Da dove è nata questa torre? Di chi è questa
terra?

— Mia, — gli ho detto, — l'ho fatta io con queste
mani, non era di nessuno.

— Nessuno? È una parola che non c'è, nessuno, è
mia!

— No! non è la tua! Sono andato anche dal notaio,
non era di nessuno. Ho chiesto al prete, era di nessuno e io l'ho fatta, pezzo per pezzo.

— È mia, e tu me l'hai a dare.

— Non posso dartela, padrone... io non posso andare sotto gli altri a lavorare.

— Io te la pago! ti do denaro, dimmi quanto vuoi.

— No! No, non voglio denaro, perché, se mi dài i
soldi, poi non posso comprare altra terra coi soldi che
mi dài e devo andare ancora a lavorare sotto agli altri.
Non voglio io, non voglio!

— Dammela!

— No!

Allora lui ha fatto una risata ed è andato. Il giorno
appresso è venuto il prete a domandare.

— È del padrone... fai il bravo, molla, non fare i
capricci, guarda che quello è tremendo, è cattivo, molla questa terra. In Deo Domino fai il bravo!

— No! no! — gli ho detto, — non voglio, — e gli ho
fatto anche un brutto gesto con la mano.

È venuto il notaio, è arrivato anche lui, sudava,
boia, per venire su a trovarmi.

— Fai il bravo, c'è la legge, stai attento che non
puoi, che tu non...

— No! No! — e ho fatto anche a lui (un brutto gesto
con la mano), è andato via bestemmiando. Il padrone

gh'era zicurín, u gh'era crodi, u gh'era fazoj, rave, u gh'era
tüto! Par mi, par nüm. O era cuntentu! O se balava, e pö
el piueva sempar par di dí e ol sol el brüsava e mi andava,
vegniva, e i lüne ereno giüsti, ne gh'era gi-mai tropo vento
o tropa gruma. U l'era bel! bel! U l'era tera nostra! Bela u
l'era, stu gradún. E ogni dí, u ne fazeva üni... la pareva la
torre de Babele... bela cun sti gradi, u l'era ol paradis, ol
paradis terestre. Ol giüri. E tüti i pasava i cuntaden e i
diseva:

— Che cü ca ghet... boja, varda! Da na muntagna u l'ha
tirà feura!... Me disgrassià ca nun hai pensat!

E invidia i g'aveva e un die l'è pasat ul padron. Ul padron de tüta la vale, u la vardà e l'ha dit:

— Du' l'è ca l'è nassüda sta torre? De chi l'è sta tera?

— Me, — a g'ho dit, — a l'ho faja me con sti mani, u l'era
de nissün.

— De nissün? L'è na parola ca nu gh'è, nissün, a l'è la
mea.

— No! nun è la tua! A sunt andà anca in dal nutar, varda, nu gh'era. U dumandà al prevete, u l'era de nissün e mi
l'ho faita, toco par toco.

— L'è mea, te me l'hai a darme.

— Non poit dar, padron... mi no poi andà sota i altri a
trabajar.

— Mi t'hai paghi! at do denar, dime quanto vo'.

— No! No, non voj denar, no, parché, s' te me dài denar,
dopo a no podo comprar altra tera col dinar che te me dài
e devo andar a lavorar, a trabajar ancora soto i altri. Non
vòi me, no vòi!

— Damela!

— No!

Alura lü l'ha fait una rigulada e l'è 'ndai. El dí appresso
a l'è vegnü el prevete a dumandar.

— L'è del padrun... fa' el bravo, mola, nun te stai a far
de caprissi, varda che quelo l'è tremendo, l'è cativu, mola
sta tera! In Deo Domini fa' el bun...

— No! no! — g'ho di', — no voi, — e g'ho fà anca un brüt
muviment cun la man.

A l'è vegnü el nodaro, u l'è vegnü anca lü, ul südava,
boja, par vegní sü a truarme:

— Fa' el bravo, gh'è la lege, sta' atento che ti nun ti po-
de, che ti no...

— No! No! — e g'ho fai anca a lü... u l'è andà via biaste-

non ha mollato, no! Ha cominciato ad andare a caccia, faceva passare tutte le lepri dalla parte della mia
terra! Andava continuamente avanti e indietro con i
cavalli e gli amici a schiacciarmi le siepi. E un giorno
mi ha bruciato tutto... Era estate... era seccato. Lui ha
dato fuoco a tutta la montagna e mi ha bruciato tutto,
anche le bestie bruciate, la casa bruciata, ma non sono
andato via! Ho aspettato... è cominciato a piovere la
notte, e dopo (la pioggia) ho cominciato a pulire, a
ripiantare pali, a sistemare pietre, a riportare terra,
a far scendere acqua dappertutto, perché di lí, boia,
non mi voglio muovere! E non mi sono mosso! Solo
che un giorno è arrivato lui, aveva appresso tutti i
suoi soldati e rideva, noi eravamo nei campi coi bambini, mia moglie e io; stavamo lavorando. È venuto,
è sceso da cavallo, si è tolto i calzoni, è venuto vicino
a mia moglie, l'ha presa, l'ha buttata per terra, le ha
strappato le gonne... Io volevo muovermi, ma i soldati mi tenevano, e lui le è saltato addosso, l'ha fatta
come fosse una vacca. Che io e i bambini con gli occhi
sbarrati, che guardavano, e io mi muovevo (con uno
strattone) mi sono liberato, ho preso una zappa e ho
detto:
– Disgraziati!
– Fermati, – mi ha detto mia moglie, – non lo fare,
non aspettano altro, aspettano proprio questo: che tu
alzi il tuo bastone, per poi ammazzarti. Non hai capito? Vogliono ammazzarti e portarti via la terra, non
aspettano altro, lui deve pur difendersi, non vale mettersi contro di loro, che tu non hai onore, tu sei povero, sei contadino, villano, non puoi pensare a onore
e dignità, quella è roba per i signori, i nobili! Che poi
si arrabbiano se gli fanno la figlia, se gli fanno la donna, la moglie, ma tu no! Lascia fare. Vale piú la terra
che l'onore di te, di me, piú di tutto. Manza sono io,
manza per amore di te. E io a piangere... piangere su
questo affare, ho guardato tutto e i bambini che piangevano. E loro, col padrone, di colpo sono andati via
ridendo contenti, soddisfatti. Era un piangere tremendo (il nostro)! Non riuscivamo a guardarci in viso l'un
l'altro. S'andava in paese, ti prendevano a sassate, a
pietre. Gridavano:
– Oh bue! che non hai la forza di difendere il tuo
onore perché non ne hai, bestia che sei, tua moglie
l'ha montata il padrone e tu sei stato tranquillo per
un mucchio di terra, disgraziato!
E mia moglie andava in giro:

mando. Ul padron non l'ha mia molà, no! U l'ha cominzà
andà a cacia, ul faseva pasà tüti i léguri da la parte de la
mia tera! El 'ndava a dre con tüti i cavali e i amisi e 'l me
schisciava i sciesi. E in un dí sulamente el m'ha brüsat tüt...
u l'era estat... u l'era secat. E lü l'ha dait feug a tüta la muntagna e 'l m'ha brüsà tüt, anca i besti brüsà, la ca' brüsada,
ma nun sunt andaj via! Hu aspeciat... e l'è vegnü a pieuver
de note, e apreso hu scumensà a netar, a polir, a rimpiantar
pal, a remeter roba, repurtar la tera, a sestemar le piere, a
fà gnir giò l'acqua dapartüt, perché de lí, boja, no me voj
movar! E no me son movüdo!
    Solo che un dí a l'è rivado lü, g'aveva a pres tüti i so
suldat, ul rideva, nüm erum nei campi cui fiulit, la mia
mujera e mi; s'erum a lavurar, a trabajar, lí. U l'è vegnü,
l'è descendü da cavalo, ul s'è cavà le braghe, u l'è vegnü
tacat a la mia mujer, u l'hai catada, u l'hai sbatüda par tera,
e g'ha strasciat i sochi... Mi a vureva meuves, ma i me tegneva i suldat, e 'l g'ha salta' a dos, u l'ha faita, u l'ha faita
cume füdess una vaca. Ca mi e i fiulit cui ögi sbarat, che i
vardava e mi a me mueva, me sunt liberat, hu catait 'na
sapa, hu dit:
    – Disgrassià!
    – Férmat, – m'ha dit me' mujer, – nol fa', no i specian
oltre, i specian propi quelo, che te valset el to baston, par
pö coparte. No te hai capit? I veur coparte e trar via la
tera, no i specia altri, lü el debia pür difenderse, no valse
meterse a sbragar con loro. Ca ti no t'hait onore, ti set povero, set contadin, vilan, non puoi pensar dignitat, onore,
quela è roba par quei che inn sciuri! ai nobli! Che pö vegn
a inrabirse se ghe fan la tosa, se ghe fan la dona, la mujer,
ma ti no! Lassa far. Valse pi tera che l'onor de ti, de mi,
che tüti. Manza son mi, manza per amor de ti.
    E mi, a splanger. Caragnà in sü st'afari, l'hu vardà tüt,
e i fiulit che piagneva... E lori peu i son andà rigulando content feuravia... u l'era un planger tremendo! Num se pudeva vardarse a presso vün cu l'alter, nun se vardava...
s'andava per i paes, u te ciapaven a buciade, a sasade, a
piere. Vusaven:
    – Oh... beu...! No g'hai la forza de far feura onor che nu
te g'hai, bestia che te set, la tua mujera a l'ha incalcada el
padron e ti te se' stait tranquilo par un mücc de tera, desgrasiò!
    E la mia mujer l'andava inturna:

– Puttana, vacca! – le dicevano e scappavano. Neanche in chiesa la lasciavano entrare. Nessuno!

I bambini non potevano andare in giro, tutti erano lí, e non ci guardava piú nessuno. Mia moglie è scappata! Io non l'ho piú vista; io non so dove è andata. I bambini non mi guardano: sono venuti ammalati e manco piangevano. Sono morti! Io sono rimasto solo. Solo con questa terra! Non sapevo cosa fare. Una sera ho preso un pezzo di corda l'ho buttato su una trave, me la sono messa intorno al collo, ho detto:

– Bene, mi lascio andare, adesso!

Faccio per lasciarmi andare, impiccato, quando mi sento battere una mano sulla spalla, mi volto, c'è uno (e vedo uno) con una faccia pallida, con gli occhi grandi che mi dice:

– Mi dài un po' da bere?

– Ma ti sembra il momento di venire a chiedere da bere a uno che si sta impiccando? Boia!

Lo guardo e (vedo che) ci aveva una faccia da povero cristo anche lui, poi guardo e (vedo che) ce n'erano altri due, anche loro con una faccia patita.

– Va bene, vi darò da bere e poi mi impicco.

Vado a prendere da bere, li guardo bene:

– Piú che bere voialtri avete bisogno di mangiare! Ma io sono tanti giorni che non faccio da mangiare... C'è da farlo, se volete.

Ho preso un tegame e ho messo sul fuoco a scaldare delle fave e gliel'ho date, una ciotola ciascuno, e mangiavano, mangiavano! Io non avevo voglia di mangiare... «Aspetto che mangino e poi mi impicco». E intanto che mangiava, quello con gli occhi piú grandi, che sembrava proprio un povero cristo, sorrideva e diceva:

– Brutta storia questa che vuoi impiccarti! Io so bene perché lo vuoi fare. Hai perso tutto, la moglie, i bambini e ti è rimasta solo la terra, bene, io so bene! Se fossi in te non lo vorrei fare (lo farei).

E mangiava! mangiava! Poi alla fine ha appoggiato tutto e ha detto:

– Tu sai chi sono io?

– No, ma ho avuto il dubbio che tu sei Gesú Cristo.

– Bene! Hai indovinato. Questo è Pietro, e il Marco è quello là.

– Piacere. E cosa fate qua?

– Tu mi hai dato da mangiare e io ti do da parlare.

– Da parlare? Cos'è questa cosa?

– Disgraziato! Giusto che hai tenuto la terra, giusto che non vuoi padroni, giusto che hai avuto la for-

– Pütana, vaca! – u ghe disevan, e i scarpavan. Nanca in giesa la lassaven pasar. Nissün!

E i fiulit no i podeva 'ndare intorna, tüti eremo lí e no ghe guardava pü nissün. La mia mujer a l'è scapada! Mi l'hai pü vidüa; mi no so indue l'è 'ndada, e i fiulit nu me vardava: maladi son vignit, ne manco i plangeva. E son morti! E mi son restai sol. Sol cun sta tera! Nun saveva cossa che fare. Una sera hu ciapai un toc de corda, hu bütà sü una trave, me la son metüda inturna al colo, hu dit:

– Bon, me lassi andà, adess!

Fo per lassam andà impicatt, u me senti pugià una manada, a me volti, a gh'è vün co 'na facia smorta, cui ogi grosi che 'l me dis:

– Me dàj un po' de bevar?

– Ma te par el mument de vegní a dumandà de bevar a vün che fa l'impicatt? Boja!

Ul vardi e 'l g'aveva una facia de pover crist anca lü e vardi e ghe n'era altri doi, anca lor con una facia patida.

– Va ben, ve darò da bevar, dopo me impichi.

A vo' a teu par bevar, i vardi ben:

– Pü che bevar, vialtri aví besogn de magnar! Ma mi l'è tanti dí che nun fai de magnare... U gh'è de farlo, se vurí.

Hu ciapat un baslot, hu metüd in sul feug, a g'ho fait scaldare de le fave, e gh'i ho dai, un baslot per ün, e i magnava! I magnava! Mi no g'aveva voia de magnar... «Speci che adess i magna e peu me impichi». E intanto ch'el magnava, quel cui ög plu grandi che'l pareva propi un pover crist ul surideva e ul diseva:

– Brüta storia l'è ti che te vöret impicass! Mi so ben ul perché t'ol vòi fare. T'è perdü tüt, la mujera, i fiulit e te g'ha sojament una tera, bon, mi savie ben! Se füsse in ti no lo vorria fare.

E 'l magnava! E 'l magnava! E peu a la fin l'ha metüd giò tüt e l'ha dit:

– Ti sai chi son me?

– No! Ma g'ho avüt un dübi che ti te set Jesus Cristo.

– Bon! T'è induinat. Quest l'è Pietro, e'l Marco l'è quel là.

– Piazer. E cussa fait qua?

– Ti te m'hait dait de magnar e mi te do de parlare.

– De parlare? Cussa l'è sta roba?

– Disgrassià, giüsta che t'hai tegnit la tera, giüsta che non te vòi de padron, giüsta che t'hai üt la forsa de no mo-

za di non mollare, giusto... Ti voglio bene, sei forte,
buono! Ma ti manca qualche cosa che è giusto che tu
devi avere (abbia): qua e qua (*fa segno alla fronte e
alla bocca*). Non rimanere qui attaccato a questa terra,
vai in giro e a quelli che ti tirano le pietre digli, fagli
comprendere, e fai in modo che questa vescica gonfia
che è il padrone tu la buchi (possa bucare) con la lingua, e fai uscire il siero e l'acqua a sbrodolare marcio.
Tu devi schiacciare questi padroni e i preti e tutti
quelli che gli stanno intorno: i notai, gli avvocati, ec-
cetera. Non per il bene tuo, per la tua terra, ma per
quelli come te che non hanno terra, che non hanno
niente e che devono soffrire solamente e che non hanno dignità da vantare. (Insegna loro a) Campare di
cervello e non di piedi!

– Ma non capisci? Io non sono capace, io ho una
lingua che non si muove di dentro (dentro la bocca),
mi intoppo ad ogni parola e non ho stile (dottrina) e
ho il cervello fiacco e molle. Come faccio a fare le
cose che tu dici, e andare in giro a parlare con gli
altri?

– Non preoccuparti che il miracolo viene adesso.

Mi ha preso per la testa, mi ha tirato vicino e poi mi
ha detto:

– Gesú Cristo sono io, che vengo a te a darti la
parola. E questa lingua bucherà e andrà a schiacciare
come una lama vesciche dappertutto e a dar contro ai
padroni, e schiacciarli, perché gli altri capiscano, perché gli altri apprendano, perché gli altri possano ridere (riderci sopra, sfotterli). Che non è che col ridere
che il padrone si fa sbracare, che se si ride contro i
padroni, il padrone da montagna che è diviene col-
lina, e poi piú niente. Tieni! Ti do un bacio che ti
farà parlare.

Mi ha baciato sulla bocca, a lungo mi ha baciato. E
di colpo ho sentito la lingua che guizzava dappertutto,
e il cervello che si muoveva e tutte le gambe che anda-
vano da sole, e sono andato in mezzo alla piazza del
paese a gridare:

– Venite gente! Venite qui! C'è qui il giullare! Vi
faccio far satira, giostrare col padrone, che vescica
grande è e io con la lingua la voglio bucare. E vi racconto di tutto, come viene e come va, e come Dio non
è quello che ruba! È il rubare impunito e le leggi sui
libri che sono loro... parlare, parlare. Ehi gente! Il
padrone si va a schiacciare! Schiacciare! È da schiacciare!...

lar, giüsta... At vol ben, aite forte, bon! ma t' manca un qui cos che t'ha d'aver: qua e qua! (*fa segno alla fronte e alla bocca*). No star lí atchí in sü la tera, vai d'intorna e a quei che te tira piere, ti parla e dighe, faig comprender, e fai de manera che sta vesciga sgiunfiada ca l'è ol to padron, ti sbüsa cun la tua lengua e fa' andar feura l'acqua e ul sier ca vegn feura a sbrodar marscio. Ti devi schisciare sti padrun, e i previti e tüti quei che va inturna, i nodari, i avogador, quei che va d'intorna. No par ben de ti, par la tua tera, ma par quei che è come ti, ca non han tera e che non han gnen- te e che han de soffregare sojamente, e che non han dignità da vantare. Campar de servelo, e no de pie!

— Ma noi comprende? Mi non son capaze. Mi g'ho 'na lengua che non se move de rentra, embiscigo de par tüto e intopigo a ogni parlar... e no g'ho de stil e g'ho el servelo che u l'è fioco, molo! Come fabia a far le robe che te diset, andà intorna a parlar co i altri?

— No arpanza, che ol miracol 'gne adess.

Ul m'ha catat per la crapa, ul m'ha catat visin e peu 'l m'ha dit:

— Jesus Cristo a soi mi che t' vegna a ti a dat parlar. E sta lengua u la beuciarà e 'ndrà a schisciar 'me 'na lama da partüto vescighe a far sbrogare, a da' contra i padroni e li far schisciare parché i altri i capissa, parché i altri imprenda e parché i altri i poda rigolar. Che no è che col rídare ch'ol padron ul s' fa sbragare, che se i ride contra i padron, ol padron, da montagna ca l'è dijen colina e peu niente ca se move. Tegne! A t' do un baso che at farà parlare.

E'l m'ha basao sü la boca, lungo el m'ha basao. E de bot ho sentit la lengua ca sbissava da partüto, e un zervel c'al se mueva, e tüti i jambi che s'andava in dar par lori, e sunt andà in mess a la piassa del paes a vusà:

— Gníii! Zente! Vegní chí! Giulare! Ai fao giugar, gios- rare col padron, vesciga granda o l'è e mi de lengua i vo' sbüsare! E ve raconto de tüto, come 'l vien, come 'l vaga e come el Deo nu l'è quelo che 'l roba! È 'l rubar che pre- gne e i legi süi libri che son lor... parlare, parlare. Ehi gen- te! Ol padron se va a schisciare! Schisciare! O l'è de schi- sciare!...

Foto 13.   «La nascita del villano» (da un manoscritto del Trecento).

Si tratta di un'immagine tratta da una miniatura. È la rappresentazione di un pezzo di un famoso giullare: Matazone da Caligano. Matazone è un soprannome che vuol dire mattacchione (questa volta non è scurrile, come vedete ci sono delle eccezioni); Caligano, Carignano, è un paese vicino a Pavia. Il linguaggio, un dialetto dell'allora territorio di Pavia, è chiarissimo per noi lombardi; e, dico la verità, ho provato ad eseguirlo anche in Sicilia, ed arrivavano a capire tutto. Vedete: lassú c'è un angelo, qui il padrone, il signore, il signore delle terre, e qui c'è il contadino, o meglio il villano.

Che cosa succede in questa rappresentazione? È il momento della consegna, al padrone, del primo villano creato dal padreterno.

La giullarata racconta dell'uomo che, stanco di lavorare la terra, dopo sette generazioni, va dal padreterno e gli dice: «Senti, io non ce la faccio piú a soffrire la fatica in questa maniera, devi alleviare la mia fatica. Mi avevi promesso che avresti rimediato in qualche modo!» «Come non ho rimediato?! – dice il padreterno, – ti ho dato l'asino, il mulo, il cavallo, il bue...» «Eh sí, ma sempre io devo spingere dietro l'aratro, – dice l'uomo, – sempre io devo andare a remondare la stalla, sempre io devo fare i lavori piú bassi, come mettere lo sterco nei campi, mungere, ammazzare il

maiale... Io vorrei che tu mi creassi qualcuno che mi aiu-
tasse in tutto e per tutto, che mi sostituisse anzi, e io potrei
finalmente riposare!» «Ah, ma tu vorresti un villano!» «E
chi è?» «È proprio uno di quelli che vorresti tu... D'altra
parte non lo puoi conoscere, non l'ho ancora creato! Vieni,
andiamo a crearlo adesso...» E vanno da Adamo. Appena
Adamo vede arrivare il padreterno assieme ad un uomo,
zac! si mette le mani intorno al torace e urla: «No, basta,
io di costole non ne mollo piú!» «Ecco, va be', hai ragione
anche tu, – dice il padreterno, – ma cosa posso fare?» In
quel momento passa un asino, e al padreterno viene un'i-
dea: fa un gesto con le dita, e l'asino si gonfia. Rimane in-
cinto.

Ecco: da questo momento seguo il testo originale. È
Matazone da Caligano che parla. Esiste un testo stampato
in una forma un po' diversa da questa, che è stata rico-
struita mettendo insieme vari frammenti, per dare maggiore
continuità e logica al testo.

Si racconta in un libro ormai dimenticato che, passate sette volte sette generazioni dal gramo giorno della cacciata dal paradiso, l'uomo, stufo, disperato per tanta fatica che gli toccava (fare) per campare, è andato alla presenza di Dio in persona e ha cominciato a piangere e a implorarlo che gli mandasse qualcuno a dargli una mano a fare i lavori della terra che lui da solo non ce la faceva piú.

«Ma non hai forse gli asini e i buoi per quello?», gli ha risposto Dio.

«Hai ragione, Signore Padre Nostro... ma sopra l'aratro ci dobbiamo stare noialtri uomini a spingere come i dannati, e gli asini non sono capaci di potare vigne e non riescono a imparare a mungere le vacche per quanto gli insegni. Cosí che innanzitempo veniamo vecchi noialtri per fatica e le nostre donne sfioriscono, che a vent'anni sono già appassite».

Dio, che è tanto buono, a sentire queste cose si è fatto prendere dalla compassione e ha detto in un sospiro: «Bene, vedrò di crearvi sui due piedi una creatura che possa venire giú a scaricarvi da questa pena».

Poi è andato di corsa dall'Adamo: «Senti, Adamo, fammi un piacere, alza la camicia che ho da tirarti fuori una costola che (ne) ho bisogno per un esperimento».

Ma l'Adamo a sentire questa novità è scoppiato a piangere:

«Signore, pietà che me ne hai già tolta una di costola per far nascere la mia sposa, l'Eva traditora... Se adesso mi privi di un'altra costola ancora non ne avrò abbastanza per ingabbiarmi lo stomaco, e mi usciranno fuori tutte le frattaglie come (a) un cappone scannato».

«Hai ragione anche tu, – ha biascicato il Signore grattandosi la testa, – cosa devo fare?»

In quel mentre passava di lí un asino e al Signore gli è fulminata un'idea: che, per quello, lui è un vul-

LA NASCITA DEL VILLANO

As reconta int'un liber ormai desmentegà, che pasadi set volt set generasiun del gramo dí de la descasciada d'ol paradis, l'omo, stüfo desperà per tanta fatiga che ghe tucava per campà, l'è 'ndait in la presenza de Deo, in la persona, e l'ha scomensà a piagní e 'mplural che ghe mandase quajcuno a darghe una man, a fà i lavur d'la tera che lü, de par lü solengo, no ghe la faseva pü.

«Ma no ti g'ha sforse i aseni e boj, par quel?» g'ha respundit Deo.

«Ti g'ha reson, Segnor Pater Noster... ma sora a l'aratro ghe dobiemo starghe noi altri omeni a sping 'me i danati. E i aseni no i è capaz de podar vigne e no i riese a imprend a müng i vache per tanto che gh'insegni. Inscí che innanz ol temp, vegnum veci noialtri per fatiga e le nostre done sfiorisen, che a vent'ani le son de già paside».

Deo, che l'è tanto bon, a sentí sti robi ol s'è fait tor de cumpasion e la dit in un sospir: «Bon... vardarò de crearve süi do pie una creatüra che av poda 'gní giò a scargarve de sta pena».

Daspo' l'è andait de corsa de l'Adamo: «Sent, Adamo, fam un plager, valza su la camisa che g'ho de trat foera 'na costula che g'ho besogn par un speriment».

Ma l'Adamo, a sentí sta noeva, è s'ciupad a caragnà:

«Segnur, pietà che te m'n'è già tolta veuna de costula per fà nass la mia sposa, l'Eva traditora... Se adess t'am privet d'un'altra costula anc'mo no g'n'avrò asè par ingabiarme ol stomego, a me sboteran foera toti i frataj 'me on capon scanat!»

«Ti g'ha reson anc ti, – l'ha biasegà ol Segnor gratandose in testa, – as g'ho de fà?»

In quel menter pasava de liloga un aseno e al Segnor g'hait fülmenà un'idea: che par quel, lü l'è un vulcan! L'ha

cano! Ha fatto un segno verso l'asino e quello di colpo si è gonfiato. Passati i nove mesi, la pancia della
bestia era ingrossata da scoppiare... si sente un gran
fracasso, l'asino tira una scoreggia tremenda e con
quella, salta fuori il villano puzzolente.

«Oh che bella natività!»

«Zitto tu». In quel (mentre) viene avanti un temporale diluvio e giú acqua a rovescio sul figlio dell'a-
sino e poi grandine e tormenta e fulmini e tutti, sul
corpaccione del villano, perché si faccia subito coscienza della vita che gli si presenta.

Una volta che è ben pulito, arriva giú l'angelo del
Signore, chiama l'uomo e gli dice:

«Per ordine del Signore, tu da questo momento
                sarai
padrone e maggiore e, lui, villano minore.
Ora è stabilito e scritto
che questo villano debba aver per vitto
pane di crusca con la cipolla cruda,
fagioli, fava lessa e sputo.
Che debba dormire sopra un pagliericcio
ché del suo stato si faccia ben ragione.
Dal momento che lui è nato nudo
dategli un pezzo di canovaccio crudo
di quelli che si adoperano per insaccare saracche
perché si faccia un bel paio di braghe.
Braghe spaccate nel mezzo e slacciate
che non debba perdere troppo tempo nel pi-
                sciare».

fait un segn invers a l'aseno e quel de bota ol s'è sgiunfà.
Pasà i noev mesi, la panza de la bestia l'era ingrusida de
s'ciupà... se sent un gran frecas, l'asen ol trà una slofa tremenda e con quela salta foera ol vilan spüsento.

«Ohi che bela natività!»

«Cito ti!» In de quel vegn oltra un tempural dilüvi e
giò acqua reversa a el fiol de l'asino e poe grandina e tormenta e fülmeni e tüti sul curpason del vilan, parché ol se
faga de sübit coscienza de la vita che ghe se presenta.

'Na volta che l'è ben netad, riva giò l'angel dol Signur,
ol ciama l'omo e ol ghe dise:

> «Par ordine del Segnur, ti, da sto momento, ti serà
> patron e magior e lu vilan minor.
> Mo est stabilicto et scripto
> che sto vilan debia aver par victo
> pan de crusca con la scigola crüda
> faxoj, fava alesa e spüda.
> C'ol debia dormir sora a un pajon
> che d'ol so stato as faga ben rasón.
> Da po' che lü l'è nato snudo
> deighe un toco d' canovazo crudo
> de quei c'as dopra a insacar sarache
> parché ol se faga un bel par de brache.
> Brache spacà in d'ol mezo e dislasà
> che n'ol debia perd trop ol temp in d'ol pisà».

Sembra proprio di ritrovarci con i padroni di adesso!
Andando in giro per l'Italia, ci capita continuamente di in-
contrarci con la realtà di fatto. Per esempio, siamo arrivati
a Verona, e c'erano delle ragazze in teatro con dei manifesti
che avevano anche appeso ai muri, erano in sciopero. Erano
in sciopero perché il padrone aveva proibito di andare al
gabinetto. Cioè, una sentiva il bisogno... «Scusi, posso?»
«No... e no!» Dovevano andare tutte al gabinetto alle
11,25: driiiin, e pipí. E chi non aveva bisogno, basta, turno dopo. Erano in sciopero per ottenere il privilegio di fare
pipí quando ne sentivano impellenza. Non so come sia andata a finire la questione. Però, il massimo del grottesco rimane il fatto avvenuto alla Ducati di Bologna, una fabbrica
molto grande, di grande importanza, classe internazionale.
Ebbene, che cosa è successo? I proprietari, lí non c'è «il

padrone», ma i padroni, hanno deciso di tagliare corto col tempo concesso per andare al gabinetto. Chi ci stava sette minuti, chi quattro, no, basta! Hanno litigato anche con i sindacati, c'è stata una lotta tremenda, a un certo punto hanno deciso. Proprio un colpo secco: «Due minuti e trentacinque secondi sono piú che sufficienti per fare i propri bisogni... in totale». Ora, detto cosí, sembra normale, poi uno pensa: «Beh, avranno fatto degli studi, si saranno consultati con dei tecnici...» Invece, vi assicuro, credete alla mia parola, è un record! Due minuti e trentacinque secondi: un record! Tanto è vero che gli operai mica vanno cosí... Si allenano a casa! Se voi non credete che sia un record provate personalmente, prendete dei libri interessanti, aspettate una giornata buona, prendete qualche disco hawaiano, ve lo consiglio: guiahmun! Aiuta molto. Ebbene, vedrete, è impossibile! È impossibile, soprattutto quando tu hai la psicosi del toc... toc... toc... Sí, perché in ogni gabinetto della Ducati c'è un orologio. Come uno entra, subito toc... toc... toc... Ora il tremendo, il grottesco della situazione è che uno pensa: «Come verrà stabilito il tempo? Quando scatterà?» S'immagina naturalmente che l'operaio entri nel gabinetto e (*mima l'entrata*) to... ta... tata... prende un bel fiato, aaah... come quando uno si butta nell'acqua gelata e poi... (*mima*) toc... toc toc toc (*fischio*) uhjj... gni... No! neanche per idea: perché, è logico, se scatta il congegno vuol dire che c'è un pulsante sotto l'asse, no? e quindi, se uno s'appoggia all'asse schiaccerà il pulsante e farà scattare l'orologio marcatempo. Ma il padrone sa che l'operaio è furbo, svelto, sa che non si appoggerebbe mai all'asse, ma che se ne starà sulle punte... e non tocca!... resiste delle ore senza toccare. «Eh no, allora io ti frego». Lo scatto non sarà sotto l'asse, ma sulla maniglia! E appena l'operaio appoggia la mano sulla maniglia, scatta il congegno elettrico, toc... toc... toc... toc... «maledette bretelle che non... orco giuda... la carta...» (*fischio, poi, rivolto alla tazza*): «Scusi per il disturbo». Allora ecco dove sta il problema dell'allenamento: bisogna arrivare sciolti nei movimenti, liberi al massimo... Quindi per prima cosa: via i pantaloni. I pantaloni già piegati sulla spalla... stanno anche bene... sembra una mantellina, no? liberi! la camicia alla bajadera (*il tutto è mimato*), se non ci si imbraga, e soprattutto non incominciare a dire: «Oh Dio... (*cerca di coprirsi davanti*)». Bisogna fregarsene, senza questioni di pudore cretino.

C'è un grosso studioso tedesco, Otto Weininger, che ha fatto degli studi straordinari su questo problema: ebbene, hanno scoperto che è l'atteggiamento pudico che determina negli altri la consapevolezza che uno è nudo. È logico, uno va in giro cosí (*mima uno che si copre con le mani i genitali e il sedere*) e subito viene segnato a dito: «Oheu... uno nudo!! Mamma guarda, uno nudo!» Ma se uno si libera di questa pudicizia idiota e se ne sta tranquillo, chi se ne frega! Nudo, bello, tranquillo, sparato... la gente dice: «Oh, guarda, un conte!»

Ecco allora che l'operaio deve diventare conte, quando va al gabinetto; e deve imparare anche, oltre ai ritmi del cottimo, quello del gabinetto. Sono ben diversi, ma fondamentali (*mima saltellando l'operaio che entra nel gabinetto e si siede*) un... due... tre... Una danza!

Ma torniamo alla storia del villano e sentiamo che cosa consiglia l'angelo al padrone del villano nel momento che glielo consegna.

Ad insegna del suo casato gentile
mettigli in spalla vanga e badile.
Fallo andare intorno sempre a piedi nudi
che tanto nessuno dirà niente.
Di gennaio dagli un forcone in spalla
e caccialo a ripulire la stalla.
Di febbraio fai che sudi nei campi a franger le
zolle
ma non darti pena se avrà le fiacche al collo,
se verrà pieno di piaghe e calli,
ne avrà vantaggio il tuo cavallo
liberato dalle mosche e dai tafani
che tutti verranno a star di casa dal villano.
Ponigli una gabella (tassa) su ogni cosa faccia,
mettigli una gabella persino a (su) quel che caca.
Di carnevale lascialo pur ballare
e pur cantare che s'abbia da rallegrare,
ma poco, che non si debba dimenticare
che è a 'sto mondo per faticare.
Anche di marzo fallo andare scalzo.
Fagli potare la vigna,
che si prenda la tigna.
Nel mese di aprile
che stia all'ovile
con le pecore a dormire,
a dormire svegliato (da sveglio),
ché il lupo è affamato!
Se l'affamato lupo vuol prendersi qualche armento
si prenda pure il villano che io non mi lamento.
Mandalo a tagliar l'erba
di maggio con le viole
ma guarda che non si perda (distragga)
rincorrendo le belle figliole.

Par insegna d'ol so casat zentil
metighe in spala vanga e badil.
Fal'andà intorna semper a pie biot
che tanto niün ol te dirà nagot.
De zenaro daghe un furcun in spala
e cascialo a remundà la stala.
De febraro fa' che ol süda nei campi a franger i zol
ma no fat pena se ol g'ha i fiac al col,
se ol 'gnirà impiegnid de piaghi e cal,
ag n'avrà vantagio ol to caval
liberat di moschi e di tafan
che toti 'gniràn a stà de casa d'ol vilan.
Ponighe 'na gabela su omnia roba ol faga,
metighe 'na gabela infine a quel che caga.
De carnoval laselo pur balar
e pur cantar che ol s'abia de legrar,
ma poc, che no s' debia smentegare
co l'è a sto mundo par fatigare.
Anco de marzo falo andar descalzo.
Faghe podar la vigna
c'ol se cati la tigna.
Del mese d'avrile
c'ol stia in d'el ovile
co' e pegore a dormir,
dormire desvegiato
che ol luvo el s'è afamato.
Se l'afamato luvo vol torse qualche armento
as' tolga ol vilan pure che mi no me lamento.
Mandalo a ranzar l'erba
de majo con le viole
ma varda che no se perda
corendo le bele fiole.

Le belle figliole sane,
non importa se villane,
falle ballar distese
con te per tutto il mese.
Quando poi ti verrà a noia
dàlla al villano in sposa,
in sposa già piena (incinta)
che non debba far fatica.
Di giugno a prender ciliege fai che il villano
                                                    vada,
sugli alberi di prugne, di pesche e di albicocche,
ma prima, perché non debba mangiarsi le più
                                                    belle,
fagli mangiar la crusca che gli stoppi (chiuda) le
                                                    budelle.
Di luglio e d'agosto,
col caldo che ti manda arrosto,
per fargli passar la sete
dàgli da bere l'aceto
e, se bestemmia arrabbiato,
non ti preoccupare dei suoi peccati:
che il villano sia buono o malnato (cattivo)
sempre all'inferno è destinato.
Nel mese di settembre,
per farlo ben distendere,
mandalo a vendemmiare
ma prima fagli ben pigiare
affinché non si possa ubriacare.
D'ottobre bello, fagli ammazzare il maiale
e a lui per premio lasciagli le budelle
ma non lasciargliele proprio tutte, che vengono
                                                    buone (possono servire)
per insaccare salsicce.
Al villano lasciagli i sanguinacci
che sono velenosi e intossicanti.
I buoni prosciutti sodi
lascia a quei villani,
lasciaglieli da salare,
e poi falli portare
alla casa di te (tua), che sarà un gran bel man-
                                                    giare.
Di novembre e ancor dicembre
affinché il freddo non lo debba offendere,
per farlo riscaldare
mandalo a camminare,
mandalo a tagliar legna
e fa' che spesso venga (torni),
che venga caricato

Le bele fiole sane,
n'importa se vilane,
fale balar distese
con ti par tutto ol mese.
Das po' che at 'gnirà noiosa
daghela al vilan in sposa,
in sposa già impregnida
che no 'l debia far fadiga.
De zugno a tor scirese fait che ol vilan vaghi,
su i arbori de brugne, de peschi e de mugnaghi,
ma innanz parché no debia sbafarse le piú bele
faghe magnar la crusca che 'ag stopi le budele.
De lulio e de l'agosto,
col caldo che at manda a rosto,
per farghe pasar la set
daghe de bévar l'azet
e, s'ol biastema d'inrabiat,
no te casciar de so pecat:
che ol vilan sia bon o malnat
sempr a l'inferno l'è destinat.
D'ol mese de setembre,
par farlo ben destendre,
mandelo a vendemiare
ma innanz fale ben schisciare
che no'l se poda imbriagare.
D'otuber bel, faghe mazà ol purscel
e a lü par premio lasighe i büdel
ma non lasarghe proprio tüte che vien bone
par sacar salsize.
Al vilan laseghe i sanguinazi
che i è venenusi e intosigazi.
I bon parsuti stagni
lasighe a quei vilani
lasegheli da salare,
da po' fali menare
a la casa de ti, che ol sarà un gran bel magnare.
De novembre e ancor dezembre
c'ol fredo no deba ofendre,
par farlo descaldare
mandelo a caminare,
mandelo a taiar legna
e fa' che speso vegna,
ch'ol vegna carigado

che (cosí) non verrà raffreddato (non si raffred-
                                        derà),
e quando si avvicina al fuoco
caccialo in un altro luogo,
caccialo fuori dall'uscio,
ché il fuoco lo rimbambisce.
Se fuori piove a dirotto
digli che vada a messa,
in chiesa è riparato
e potrà anche pregare,
pregare per passatempo,
ché tanto non gli viene niente (non ne avrà pro-
                                        fitto),
ché tanto non ne avrà salvamento,
ché l'anima non ce l'ha
e Dio non lo può ascoltare.
E come potrebbe avere l'anima questo villano
                                becco (cornuto)
se è venuto fuori da un asino con una scoreggia?

che no 'l gnirà infregiado,
e quando as presa al fogü
casalo in altro lögu,
casalo fora de l'üs
che ol fogo ol rimbambis.
Se fora ol piov de spesa
digh' che vaga a mesa,
in gesa l'è riparà
e ol podrà anc pregà
pregà per pasatemp
che tanto ghe vegn nient,
che tant no gh'n'avrà salvamént,
che l'anema no ghe l'ha
e ol Deo nol pò scultà.
E come podria aveg l'anema sto vilan bec
se l'è 'gní foera d'un aseno cun t'un pet?

Voglio velocemente soffermarmi su un particolare: la
storia dell'anima. Dice Matazone: «Tu, villano, non puoi
avere un'anima in quanto sei stato partorito da un asino».
Ebbene, è quasi un consiglio ad accettare questa condizione, a non accettare l'anima: poiché l'anima costituisce il
pretesto per il piú grosso ricatto che si possa fare. È quanto
sostiene Bonvesin de la Riva nel *Rispetto tra l'anima e il
corpo*: «Ringrazia Dio, anima, di non avere il sedere, perché te lo riempirei di pedate: tu sei il mio piombo, io non
posso volare perché mi pesi addosso». Perché, questo rifiu-
to dell'anima? Perché è il piú grosso ricatto cui il padrone
possa ricorrere contro di noi. Nel momento della disperazione uno potrebbe anche dire: «Ma che me ne frega, un
minimo di dignità, io la coltellata gliela do a questo padrone
bastardo!» E allora il padrone, o il padrone attraverso il
prete: «No! Ferma! Ti vuoi rovinare? Hai sofferto tutta la
vita e adesso che hai la possibilità, tra poco crepi, di andare in paradiso, perché Gesú Cristo te l'ha detto, tu sei l'ultimo degli uomini e avrai il regno dei cieli... Ebbene, vuoi
rovinare tutto? Calmati, stai tranquillo, non ribellarti!... e
aspetta dopo. Io sí, perdio, sono rovinato! Io sono il padrone, per la miseria! E cosa mi ha detto Gesú Cristo? "Tu
non entrerai mai nel regno dei cieli, tu sei come il cammello
(o meglio il cameo, che è la fune delle navi), che non pas-

serà mai attraverso la cruna di un ago..." L'hai capita la fregatura? Per forza devo farmelo qui, un piccolo paradiso. Ed è per questo che mi do da fare a tenerti sotto, a schiacciarti, a derubarti: ti porto via anche l'anima, certo! Io voglio il mio piccolo paradiso, piccolo ma tutto per me, subito, per il tempo che sto al mondo. Beato te che ce l'avrai tutto quanto, il paradiso! Dopo, è vero, ma per l'eternità!...»

Foto 14. «La Resurrezione di Lazzaro» (disegno di Dario Fo, da una sinopia rinvenuta nel camposanto di Pisa).

Passiamo ora al miracolo di Lazzaro.

Questo testo è un «cavallo di battaglia» da virtuosi, perché il giullare si trova a dover eseguire qualcosa come quindici-sedici personaggi di seguito, senza indicarne gli spostamenti se non con il corpo: nemmeno variando la voce, con gli atteggiamenti soltanto. Quindi è uno di quei testi che costringe chi lo esegue ad andare un po' a soggetto, regolandosi sul ritmo delle risate, dei tempi e dei silenzi del pubblico. È, in pratica, un canovaccio sul quale dovrò improvvisare di volta in volta. Motivo dominante del testo è la satira a tutto ciò che costituisce il «momento mistico», attraverso l'esposizione di ciò che il popolo intende normalmente per «miracolo». La satira si rivolge contro l'esibizione del miracolistico, della magia, dello stregonesco, che è una costante di molte religioni, compresa la cattolica: il fatto cioè di esibire il miracolo come un evento soprannaturale, allo scopo di indicare che, indubbiamente, è Dio che l'ha eseguito: laddove, all'origine del racconto del miracolo, predomina il significato di amore e di attaccamento della divinità al popolo, all'uomo.

Qui, il miracolo è raccontato dal punto di vista del popolo: tutto è visto e raccontato in funzione di uno spettacolo eseguito da un grande prestigiatore, un mago, qualcuno che riesce a fare cose straordinarie e immensamente divertenti. Nessun accenno a quello che si pretende ci sia dietro.

In una sinopia del camposanto di Pisa è raffigurata la resurrezione di Lazzaro. (Sinopia è l'abbozzo che precede l'esecuzione dell'affresco: strappato l'affresco per un restauro, è venuto alla luce l'abbozzo, ben conservato). Lazzaro non appare neanche: l'attenzione è tutta concentrata, come in teatro, su una folla di personaggi attoniti, che esprimono col gesto la meraviglia per il miracolo. Un elemento grottesco, come grottesca è la rappresentazione, quasi che teatro e rappresentazione figurativa vadano di pari passo: c'è anche un personaggio che infila le dita nella borsa di uno spettatore che gli sta vicino. Approfitta della meraviglia, dello stupore, del miracolo, per fregargli i quattrini.

– Scusi! È questo il cimitero, camposanto, dove vanno a fare il resuscitamento (resurrezione) del Lazzaro?

– Sí, è questo.

– Ah bene.

– Un momento, dieci soldi per entrare.

– Dieci soldi?

– Facciamo due.

– Due soldi?! Boia, e perché?

– Perché io sono il guardiano del cimitero e voialtri venite dentro a schiacciarmi tutto, a rovinarmi le siepi e a schiacciarmi l'erba, e io devo essere ricompensato di tutti i fastidi e i danni che mi impiantate. Due soldi o non si vede il miracolo.

– Bene! Sei bene un bel furbacchione anche tu, va' là!

– Due soldi anche voialtri, e non m'importa se avete i bambini, non mi importa, anche loro guardano. Sí, d'accordo: mezzo soldo. Vai giú, disgraziato, dal muro. Vuol vedere il miracolo gratis, il furbastro! Si paga, no?! Due soldi... no, non hai pagato. Due soldi, anche voi due soldi per venire dentro.

– Un bel furbo quello! Fa i soldi con i miracoli. Adesso bisogna vedere dov'è il Lazzaro... Ci sarà il nome sulla tomba! L'altra volta sono venuto a vedere il miracolo di un altro, sono stato mezza giornata ad aspettare e poi il miracolo me l'hanno fatto in fondo là! Sono stato qui come un cretino a guardare. Ma questa volta che so il nome, mi sono interessato, trovo il nome sulla tomba, sono il primo! Lazzaro?!... (*cercando*) mi metto... Lazzaro?! mi metto davanti alla tomba, e voglio veder tutto dall'inizio. Guarda! Lazzaro?! E anche se trovo la tomba con scritto Lazzaro, che non sono capace di leggere? Va beh! Indovino! Sto qui. M'è andata male l'altra volta, speriamo adesso (che vada meglio). Chi sta venendo avanti? No, non

– Oh scusè! Oh l'è questo ol simiteri, campusanto, duè
che vai a fà ol süscitamento d'ul Lassaro?
– Sí, l'è quest.
– Ah bon.
– On mument, des palanche par entrar.
– Des palanche?
– Fasemo do.
– Doi palanche?! Boja, e parché?
– Parché mi a sont ol guardian d'ol simiteri e vialtri a
vegnit dentar a impiascicam tütu, a rüinam i sciesi e a schi-
sciarme l'erba, e mi ho da ves cumpensat de tüti i fastidi e
i scruseri che me impiantí. Doi palanche o no 's vede ol miracol.
– Bon! As ben un bel furbasso anca te, va'!
– Doi palanche anca vi altri, e no me importa se aví i
fiolit, a non m'importa, anca quei varden. Sí, d'acord: mesa palanca. Vai giò disgrassiat dal mür. Al vol vede ol miracol a gratis, ol fürbaso! As paga, no?! Doi palanche... no,
non hait pagat. Doi palanche, anca vui doi palanche par
'gní dentar.
– On bel furbasso quelo! Ol fa i dané coi miracoli.
Ades bisogna ved 'ndua l'è ol Lassaro... Ag sarà ol nom sü
la tomba! L'altra volta son gnit a vede ol miracol d'un altro, sont stai mezza giurnada a speciare e pö ol miracolo a
me l'hait fait in funda là! Sunt stait chí cume un babie, un
baltroc, a vardag. Ma sta volta ca so al nom, me sont inte-
resat, a treuvi ol nom in sü la tumba, a sunt ol primo! Lassaro?!... (cercando) me meti... Lassaro?! me meti davanti a
la tumba, a veuri vede tüt dal prinzipi. Varda! Lassaro?!
E anca se treuvi la tumba cun scrit Lassaro, ca non son capaze a lezar? Bon! A beh! Induini! Sto chi. M'è 'ndai mal
l'oltra volta, sperom adesso. Chi ariva intorna? No, non

cominciamo a spingere! Sono arrivato io prima, e voglio stare davanti! Non m'importa se tu sei piccolo!
Quelli piccoli vengono la mattina presto a prendersi
il posto. Furbo, eh! È piccolo e viene davanti! Facciamo la scaletta? I piccoli davanti, quelli lunghi di
dietro! E poi il piccolo arriva dopo ed è come se fosse
arrivato prima! Non spingere, mi fai andare dentro la
tomba! Boia! Non mi importa, state indietro. Eh?
Ah! Le donne, anche loro spingono, adesso!

— Non arriva? Non è ora per 'sto miracolo?

— Non c'è qualcuno che conosca questo Gesú Cristo, che possa andare a chiamarlo, che noi siamo arrivati, no? Non si può aspettare sempre per i miracoli,
no?

— Mettete un orario e rispettatelo, no?

— Seggiole! Chi vuole seggiole? Donne! Prendetevi
una seggiola! Due soldi una sedia! Prendete una sedia
per sedervi, donne! Che quando c'è il miracolo e il
santo fa venir fuori il Lazzaro in piedi, che parla, canta, si muove, vi prendete uno spavento quando gli luc-
cicheranno gli occhi (vivi) che andrete a sbattere di
dietro e a picchiare per terra su un sasso con la testa
e resterete ammazzate! Morte! E il santo ne fa uno
solo di miracolo in un giorno. Prendetevi una sedia!
Due soldi!

— Ohi, pensa proprio solo a fare soldi, eh!

— Allora, non c'è nessuno che vada...?

— Non spingere! Non m'interessa!

— Non salire sulle sedie! Ah furbo! Avete visto? Il
piccolo si piazza (in piedi) sulle sedie!

— E non (ti) appoggiare che c'è la tomba (davanti)
che...

— Arriva? Non arriva!

— Sardelle! Dolci le sardelle! Due soldi le sardelle!
Dolci! Abbrustolite! Buone! Buone le sardelle! Che
fanno resuscitare i morti! Due soldi!

— (Chiamando) Sardelle, sardelle... danne un cartoc-
cio al Lazzaro che si prepara lo stomaco!

— Zitto, blasfemo!

— Buoni!

— Arriva! Arriva! È qui!

— Chi è? qual è?

— Gesú!

— Qual è?

— Quello nero? Uh, che occhio cattivo!

— Ma no! Quello è il Marco!

— Quello dietro?

cominzum a spigner! A sont rivai mi prem, e voi stà davanti! No m'importa se ti sie piccolo! Queli piccoli vien la
matina presto a torse el posto. Furbo eh! A l'è picolo e el
vegn davanti! A fem la scaleta? I piccoli davanti, quei lunghi de drio! E peu el piccolo el riva dopo e l'è cuma s'el
füss rivà prima! Non spigner, me fait andar dentar la tumba! Boja! No m'interessa, stiè indrio! Eh?! Ah! Le done,
anca lor i spigne adesso!

– No ariva? No è ora de sto miracolamento?

– No gh'è un quai vügn ca conoss stu Jesus Cristo, che
ol pò andà a ciamarlo, che nüm sem arivadi, no? 'N se pò
aspeciare sempre pai miracoli, no?

– O dit un urari, o rivare, no?

– Cadreghe! Chi vole cadreghe?! Done! Cateve 'na cadrega! Doi bajochi 'na cadrega! Catè 'na cadrega par inse-
tarve, done! Che quando gh'è ol miracolamento e ol santo
el fa vegní feura ul Lassaro in pie, c'ul parla, ul canta, ul
se move, ve catè un tal stremizio, quant de li a renta, par
de dre, andarí dentra a picar par tera su una bocia, un sas,
cu' la testa, e restet cupadi! Morti! E ul santo ne fa ün solamente de miracolamento, int un ziorno, eh! Cateve! Cateve
la cadrega! Doi bajochi!

– Ohi, nol pense propri che a fà dané, eh!

– Alora, a gh'è nisün che o vaga...?

– No spigner! No m'interessa!

– No muntar sü le cadreghe! Ah furbo! L'hai vist? Ol
pículu as piassa sü le cadreghe!

– E non appogiare, eh! cu gh'è la tumba che...

– Ariva? Non ariva!

– Sardele! Dolze le sardele! Doi bajochi le sardele! Dolze! Brustolide! Bone! Bone le sardele! Che fa suscitare i
morti! Bone! Doi palanche!

– Sardele, sardele, daghen un cartocio al Lazzaro, ca'l
se prepara ul stomego!

– Cito, blasfemo!

– Boni!

– Ul riva! Ul riva! L'è chi!

– Chi l'è? cu l'è?

– Jésus!

– Qual'è?

– Quelo negru? Uh, che ogio cativu!

– Ma no! Quelu l'è ol Marco!

– Quelo de drio?

– Qual è? Quello alto?

– No, quello piccolo.

– Quel ragazzino?

– Quello lí con la barbetta.

– Oh, ma sembra un ragazzino, boia!

– Guarda! Ci sono dietro tutti!

– Ohè il Giovanni! Lo conosco io il Giovanni. (*Chiamando*) Giovanni! Gesú! Che simpatico che è Gesú!

– Oh! Guarda! C'è anche la Madonna! C'è tutta la parentela! Ma va sempre in giro con tutta... (sta gente)? Oheu!...

– Non lo lasciano andare in giro solo, perché è un po' matto!

– (*Chiamando*) Gesú! Simpatico! M'ha schiacciato l'occhio!

– Gesú! Gesú, facci il miracolo dei pesci e dei pani come l'altra volta che erano cosí buoni!

– Zitto! Blasfemo, sta' buono!

– Silenzio! In ginocchio, ha fatto segno di mettersi in ginocchio, bisogna pregare.

– Dov'è la tomba?

– Eh... è quella là.

– Oh! Guarda! Ha detto di tirare su il tombone (la pietra tombale).

– Oh, la pietra!

– Zitto!

– In ginocchio, in ginocchio, su, giú tutti in ginocchio!

– Io no! Io non mi metto in ginocchio, perché non ci credo. Oh bella!

– Zitto!

– Fammi vedere.

– No! Giú di lí, giú dalla sedia.

– No! Lasciatemi salire che voglio vedere!

– Boia! Guarda! Hanno alzato la pietra, c'è il morto, è dentro boia, (è) il Lazzaro che puzza! Cos'è 'sto tanfo?

– Boia!

– Cos'è?

– Zitto!

– Lasciatemi guardare!

– È pieno di vermi, di tafani! Oheu! Sarà almeno un mese che è morto quello, s'è disfatto! Oh, che carognata che gli hanno fatto! Uh che scherzo! Non ce la fa 'sta volta, poveretto!

– Di sicuro non ce la fa, non ci riesce! Impossibile che sia buono di (che riesca a) tirarlo fuori (resuscitarlo)! È marcito! Che scherzo! Oh disgraziati! Gli

– Qual'è? Quelo alto?

– No, quel picolin.

– Quel fiulin?

– Quelo lí cun la barbeta.

– Oh ma 'l par un fiulin, boja!

– Varda! Gh'è de dre tüti!

– Ohè! Giuvanni! Cugnussi mi el Giuvanni. Giuvanni! Jesus! Che simpatic co l'è ol Jesus!

– Ohè! Guarda! Gh'è anca la Madona, gh'è tüta la parentela! Ma 'l và in turno sempar con tüta...? O là!...

– No 'l lasseno andà in turno solengo, parché a l'è un po' mato!

– Jesus! Sempatego! M'ha schiscià l'ögiu!

– Jesus! Jesus, fag ol miracolamento dei pessi e dei pani come l'altra völta, che i era 'sí boni!

– Cito, blasfemo, sta' bon!

– Silenzio! In genögio, l'ha fait segn de 'ndà in genögio, besogna pregà.

– 'Ndue l'è la tumba?

– Eh... l'è quela là.

– Ohia! Varda! L'ha dit de tirà sü ol tumbun!

– Oh, la piera!

– Cittu!

– In genögio, in genögio, sü, giú tüti in genögio, va!

– Ma mi no, no va in genögio parché no ghe credo! O bella!

– Cittu!

– Fam vedé.

– No, giò de lí, giò de la cadrega.

– No, lasséme montar che voi vedar!

– Boja! Ohi guarda! L'ha tirà sü ol tombon, o gh'è 'ol morto, ol gh'è dentro! Boja, ol Lassaro, euh che spüssa, s'o l'è stu tanfo?

– Boja!

– Cus'è?

– Cittu!

– Lassém guardà!

– O l'è impienit de vermini, de tafani. Euh! Ol sarà almanco un mese che l'è morto quelo, ul s'è disfat! Uh, la carugnada co g'han fai! Uhia che schers! No ghe la fa stavolta, povaretto!

– De seguro non ghe la fa, non ghe riesse! Imposibil ca l'è bon a tirar fora! O l'è marscio! Che scherso, ohh di-

hanno detto tre giorni che era morto! È un mese almeno! Che figura! Povero Gesú!

– Io dico che è capace ugualmente! Quello è un
santo che fa il miracolo anche dopo un mese che è
marcito!

– Io dico che non è capace!

– Vuoi far scommessa?

– E facciamo scommessa!

– Sí! Due soldi! Tre soldi! Dieci soldi! Quello che
vuoi scommettere!

– Li tengo io? Ti fidi? Si fida! Ci fidiamo tutti?
D'accordo, li tengo io questi soldi!

– Buoni, ecco, fate attenzione! Tutti in ginocchio,
silenzio!

– Cosa fa?

– È lí che prega.

– Zitto eh!

– Ohia! Alzati, Lazzaro!

– Oh! Glielo può dire e anche cantare, solo i vermi di cui è pieno vengono fuori!... Alzarsi?...

– Zitto! Si è montato (alzato, messo) in ginocchio!

– Chi? Gesú?

– No! Lazzaro! Boia, guarda!

– Ma va', impossibile!

– Fammi vedere!

– Oh, guarda! Va, va, è in piedi, va, va, cade! Va,
va su, è in piedi!...

– Miracolo! Oh! Miracolamento. Oh Gesú, dolce
creatura che sei, che io non credevo!

– Bravo Gesú!

– Ho vinto la scommessa, dài qui. Uehi! non fare
il furbacchione!

– Gesú, bravo!

– La mia borsa! Me l'hanno rubata! Ladro!

– Bravo Gesú!

– Ladro!

– Gesú, bravo! Gesú! Bravo!... Ladro...

sgrassià! G'han dit tri dí co l'era morto! O l'è un mese almanco! Che figüra! Por Jesus!

— Mi digo che l'è capaz eguale! Quel l'è un santo c'ol fa
ol miracolamento anca dopo un mese che l'è marscio!

— Mi digo che non è capaze!

— Vòi far scomessa?

— E femo scomessa!

— Deh! Doi baiocchi! Tre baiocchi! Diese baiocchi! Quel
che te vol scometer.

— I tegno mi? Ti te fidi? Se fida! Se fidemo tuti? D'accordo, i tegno mi sti bajochi!

— Bon, ecco, fet atension! Tuti in genogio, silensio!

— Ul cossa 'l fa?

— U l'è lí ch'el prega!

— Cittu! Eh?!

— Ohia! Alzati, Lassaro!

— Oh! Ghe pò dire e anco cantare, sojamente i vermini
che o l'è impienido ven fora!... Alsarse?...

— Cittu! U s'è muntà in genogio!

—́ Chi? Jesus?

— No, Lassaro. Boja, varda!

— Ma va', impusibil!

— Fa' vedè!

— Oh varda! ol va, ol va, l'è in pie, ol va, ol va, ol borla,
ol va, ol va, sü, sü, ol va, ol va, l'è in piè!...

— Miracolo! Oeh! Miracolamento! Oh Jesus, dolze che
ti set creatura, ca mi non credeva miga!

— Bravo Jesus!

— Ho vinciü la scumessa, da' chí. Uehi! Fa' mia ul für-
basso!

— Jesus, bravo!

— La mia borsa! Me l'han robada! Lader!

— Bravo Jesus!

— Lader!

— Jesus, bravo! Jesus! Bravo!... Lader...

E arriviamo a Bonifacio VIII, il papa del tempo di Dante. Dante lo conosceva bene: lo odiava al punto che lo mi-
se all'inferno prima ancora che fosse morto. Un altro che lo
odiava, ma in maniera un po' diversa, era il frate francesca-
no Jacopone da Todi, pauperista evangelico, un estremi-

sta, diremmo oggi. Era legato a tutto il movimento dei contadini poveri, soprattutto della sua zona, al punto che, in spregio alle leggi di prevaricazione imposte da Bonifacio VIII, che era una bella razza di rapinatore, aveva gridato in un suo canto: «Ah! Bonifax, che come putta hai traíto la Ecclesia!» Ahi Bonifacio, che hai ridotto la Chiesa come una puttana! Bonifacio se la legò al dito: quando finalmente riuscí a mettere le mani su Jacopone, che era fra l'altro uno straordinario uomo di teatro, lo sbatté in galera, seduto, costretto a rimanere in questa posizione (*indica*), mani larghe e piedi legati, per cinque anni, incatenato sulle proprie feci. E si racconta che dopo cinque anni, quando uscí grazie alla sopravvenuta morte del papa, questo povero frate, ancora giovanissimo, non riusciva piú a camminare: era costretto a trascinarsi in giro piegato in due. Quando, un anno e mezzo dopo, morí, cercarono di stenderlo nella cassa da morto: non ce la facevano; ogni volta che lo stendevano... gníííí!, tornava alla posizione originale. Alla fine si sono stufati e lo hanno sepolto seduto.

Non era comunque il solo ad avere in odio il papa: già Gioacchino da Fiore, vissuto ancor prima di san Francesco, che può esser considerato un po' il padre di tutti i movimenti ereticali, aveva detto piú o meno: «Se vogliamo dare dignità alla chiesa di Cristo, dobbiamo distruggere la chiesa. La grande bestia di Roma, la bestia tremenda di Roma. E per distruggere la chiesa non ci basta far crollare le mura, i tetti, i campanili: dobbiamo distruggere chi la governa, il papa, i vescovi, i cardinali». Un po' radicale, come atteggiamento. Fatto sta che il papa del tempo gli mandò subito in visita un centinaio di armati che lo cercarono per le montagne dove viveva, individuarono grazie ad una spia la grotta in cui abitava, ma, loro sfortuna, lo trovarono morto: ancora caldo, ma morto. Era morto due minuti prima che arrivassero: non si sa se per lo spavento d'aver visto i soldati che arrivavano, o perché era un po' carogna e voleva fargli dispetto. Io credo che sia cosí: Gioacchino da Fiore era un maligno, molto maligno.

Ecco un'immagine di Bonifacio VIII (foto 15), molto realistica: lo vediamo usare come sedile il frate Segalello da Parma. Segalello da Parma era dell'ordine degli insaccati, cosí detti perché vestivano di sacco: un altro estremista, tanto per rimanere all'interno del linguaggio di questi gior-

Foto 15. «Bonifacio VIII». Ricostruzione da un codice trecentesco.

ni, che sentiamo cosí spesso parlare di estremismi di ambo le parti, di opposti estremismi...

L'estremista che fa da sedile, dunque, era di quelli che pretendevano che il papa e la chiesa fossero poveri, estremamente poveri, che tutto venisse consegnato nelle mani della gente piú umile: che «la dignità della chiesa, – diceva Segalello, – si fondasse sulla dignità dei poveri».

Quando tu chiesa hai al tuo interno un povero disgraziato che muore di fame, sei una chiesa che non può gloriarsi di essere viva. A proposito del soprannome (il popolo lo chiamava Segarello): Segalello era di quelli che predicavano la castità assoluta, e gli derivava evidentemente dal fatto che non lo vedessero mai andare a donne. Ebbene, questo frate dal soprannome quasi da giullare se ne andava in giro a provocare i contadini: «Ehi, voi, ma che fate? Giocate? Ah no! Vangate la terra? Lavorate! E di chi è la terra? Vostra, immagino! No? Non è vostra? Ma come! Voi lavorate la terra e... Ma ne avete un profitto?! Che profitto? Ah... una percentuale cosí bassa? E come, tutto il resto se lo tiene il padrone? Il padrone di che cosa! Della terra? Ah ah ah! C'è un padrone della terra? Voi credete dav-

vero che sulla Bibbia il tal appezzamento di terra sia asse-
gnato al tal dei tali... Cretini! Deficienti! La terra è vostra:
loro se la sono fregata, e poi l'han data da lavorare a voi.
La terra è di chi la lavora: chiaro?!»

Pensate, nel Medioevo andare in giro a dire certe cose:
la terra è di chi la lavora! È da pazzi incoscienti dirlo oggi,
figuratevi nel Medioevo! Infatti l'hanno subito preso e messo sul rogo, lui e tutta la sua banda di «insaccati».

Scampò uno solo. Si chiamava fra' Dolcino, e si ritirò
dalle sue parti, dalle parti di Vercelli: ma invece di starse-
ne a casa in pace e in silenzio, visto il rischio che aveva cor-
so, nossignori, andò intorno ancora a provocare i contadini,
a fare il giullare. Andava e cominciava: «Ehi contadino!...
la terra è tua, tientela, cretino deficiente, la terra è di chi la
lavora...» E i contadini del vercellese, forse per il fatto che
lui parlava il dialetto del luogo e lo capivano bene, lo guardavano e dicevano: «Eh eh... che pazzo è quel fra' Dolcino!
Però mica dice delle cose sceme! Sai, io quasi quasi la terra
me la tengo... No, anzi, la terra la lascio al padrone, io mi
tengo il raccolto!» E da quel giorno, ogni volta che arrivavano i «dimandati», li prendevano a sassate. E comincia-
rono a strappare anche il contratto, che si chiamava «angheria». Sí, il contratto che nel Medioevo univa i contadini
al padrone si chiamava «angheria». Allora aveva il solo significato di contratto: poi la gente ha cominciato a capire,
e si è arricchito di sfumature: «Ah, un'angheria?...»: cioè,
un contratto tra contadino e padrone. Bene, stracciavano
questo contratto: ma, sapendo di non poter resistere da
soli, si univano, si associavano l'un con l'altro: tutti i contadini della zona. Non solo, ma comprendendo che bisogna-
va allargare l'unione, perché avesse piú forza, si univano
con gli artigiani minori, con i salariati, che nel Medioevo
cominciavano ad esistere in gran numero. Fu cosí che giun-
sero all'organizzazione di una comunità straordinaria. Fra
di loro si chiamavano «comunitardi».

Sono i primi comunitardi della storia che conosciamo:
come centro di organizzazione, avevano la «credenza». La
credenza è oggi in tutta Italia, dalla Sicilia al Veneto, quel-
l'armadio che teniamo in casa per riporvi la roba da mangiare. Il sostantivo deriva evidentemente dal verbo credere: *credere in* qualcosa. Credenza: credere nella comunità,
quindi; e queste forme di comunità avevano cominciato ad
esistere dal VI secolo. La prima «credenza» di cui abbiamo

notizia è la «credenza» nella comunità di Sant'Ambrogio;
un armadio enorme, immenso, tutto fatto a stive, con tanti
sportelli di legno particolari, nei quali si conservavano i
generi alimentari della comunità, il grano dall'umidità, tutto quanto potesse servire alla comunità nei periodi di carestia.

Lí a Vercelli, invece, per la divisione dei beni comuni
non si aspettava la carestia: si radunava tutto quanto e lo
si distribuiva a ciascuno secondo il bisogno. Secondo il bisogno, notate bene, non secondo il lavoro che ciascuno aveva prodotto.

Questo modo di autogovernarsi aveva dato molto fastidio ai padroni: soprattutto a quelli che si sentivano «deru-
bati» della terra. Uno in particolare, il conte del Monferrato, organizzò una spedizione punitiva, partí con i suoi
sbirri, acchiappò un centinaio di comunitardi e tagliò loro
mani e piedi. Era un vezzo di allora: in Bretagna, duecento
anni prima, i signori avevano fatto lo stesso con i propri
contadini. Mani e piedi tagliati, furono messi a cavalcioni
di asini, e spinti verso la città di Vercelli: perché i comunitardi si rendessero conto di quel che capitava ad agire con
troppa libertà e «presunzione».

Quando i comunitardi videro i propri fratelli ridotti e
malconci in questa maniera non si misero a piangere. Par-
tirono la notte stessa ed arrivarono a Novara all'improvvi-
so, entrarono in città e fecero un vero e proprio massacro
degli sgherri, dei boia massacratori: non solo, riuscirono a
convincere la popolazione a rendersi libera e ad organiz-
zarsi a sua volta in comunità. Con una rapidità incredibile
Oleggio, Pombia, Castelletto Ticino, Arona, tutta la parte
a nord del Lago Maggiore, Domodossola, la zona verso il
Monte Rosa, tutto il Lago d'Otra, la Valsesia, Varallo, la
Val Mastallone, Ivrea, Biella, Alessandria... insomma, mezza Lombardia e mezzo Piemonte si ribellarono. Non sapendo piú dove metter le mani, duchi e conti mandarono a Roma un messo che arrivò urlando al papa: «Aiuto, aiuto...
aiutaci tu, per Dio!» Davanti al *per Dio*, che può fare il papa? «Per la miseria, per Dio, devo aiutarli...» Per sua fortuna, e per fortuna dei signori del nord, stava per imbarcarsi a
Brindisi la quarta crociata (quella di cui noi non sappiamo
niente, perché ci viene passata del tutto sotto silenzio, e per
«quarta crociata» ci contrabbandano quella che in realtà fu
la quinta). E allora fece dire ai crociati dal messo: «Fermi

tutti, scusate, ho sbagliato: gli infedeli non stanno dall'altra
parte del mare, stanno lassú, in Lombardia, travestiti da contadini ribelli. Via subito!» A marce forzate ottomila uomini, quasi tutti tedeschi, arrivarono in Lombardia, si unirono
alle truppe del duca Visconti, dei Modrone, dei Torriani,
dei Borromeo, del conte del Monferrato – c'erano anche due
nuovi personaggi, i Savoia, che proprio allora cominciavano a farsi strada – e diedero luogo ad un massacro ferocis-
simo. Riuscirono a rinchiudere in un monte presso Biella
tremila comunitardi, uomini, donne, bambini: in un colpo
solo li massacrarono tutti, li bruciarono, li scannarono...

Di questa storia che vi ho cosí sommariamente raccontato, sui libri di testo in uso nelle scuole non si fa cenno.
Ed è giusto, d'altra parte: chi organizza la cultura? Chi de-
cide cosa insegnare? Chi ha l'interesse a non dare certe in-
formazioni? Il padrone, la borghesia. Fin che glielo per-
metteremo, è naturale che continuino a fare quello che ri-
tengono giusto. Vi immaginate che questi qui, impazziti, si
mettano a raccontare che nel Trecento, in Lombardia e in
Piemonte, ci fu una vera e propria rivoluzione, durante la
quale, nel nome di Cristo, si riuscí a costituire una comunità in cui tutti erano uguali, si volevano bene, non si sfrut-
tavano l'un l'altro? C'è la possibilità che i ragazzini si esal-
tino e gridino: «Viva fra' Dolcino! Abbasso il papa!» E
non si può, perdio, non si può!

Esagero, naturalmente, per amore di polemica: perché,
per la verità, in qualche libro di testo un po' piú avanzato,
in qualche scuola di grande tradizione (il Berchet per esempio, la scuola che frequenta mio figlio), la notizia si trova.
Magari in una nota a pie' di pagina, che suona cosí (la cito
a memoria): «Fra' Dolcino, eretico, nel 1306 fu bruciato
vivo insieme alla sua amica». Capito? Cosí i ragazzi impa-
rano che fra' Dolcino era eretico in quanto aveva un'amica!

Eseguo adesso la giullarata di Bonifacio VIII. Inizia
con un canto extraliturgico antichissimo, catalano, esattamente della zona dei Pirenei: durante il canto il papa si ve-
ste per una cerimonia importante. Va ricordato un vezzo
che aveva Bonifacio VIII: quello di far inchiodare per la
lingua dei frati, ai portoni dei nobili di certe città. Poiché
questi frati pauperisti e legati ai «catari», ad altri movimenti ereticali, avevano la cattiva abitudine di andare in
giro a parlar male dei signori: allora il papa li prendeva e
zac... (*mima l'atto di inchiodare per la lingua*). Non lui per-

sonalmente, che anzi aveva orrore del sangue: aveva degli
uomini apposta per questo... Non era un accentratore.

Un altro episodio che si ricorda di lui, tanto per dare
un'idea di che tipo fosse, è l'orgia che organizzò il venerdí
santo del 1301. Tra le tante processioni che avevano luogo
a Roma quel giorno ce n'era una di «catari», che approfit-
tavano dei canti liturgici per insultare, con battute sotto-
banco, proprio il papa. Dicevano: «Gesú Cristo era un povero cristo che se ne andava in giro senza neanche il mantello: c'è invece qualcuno che il mantello ce l'ha, e pieno di
pietre preziose. C'è qualcuno che se ne sta in cima a un trono tutto d'oro, mentre Cristo camminava a piedi nudi. Cristo, che era Dio, Padreterno, per essere uomo era sceso in
terra: c'è qualcuno che non è nemmeno uomo, e fa tanto il
padreterno, per essere dio si fa portare in giro su portan-
tine...»

Per la miseria! Bonifacio, che era piuttosto sveglio, pen-
sò: «Vuoi vedere che ce l'hanno con me? Ah sí? E io gli
faccio lo sfregio!» Organizzò un'orgia proprio di venerdí
santo: chiamò alcune prostitute, alcune signore di buona
famiglia, che spesso è la stessa cosa, vescovi e cardinali, e
pare che tutti assieme abbiano fatto delle cose proprio turpi
e ignobili. Tanto che tutte le corti d'Europa si scandalizza-
rono, anche quella di Enrico III d'Inghilterra che, secondo
i cronisti del tempo, era un re piuttosto *grossier*.

Dicono infatti che, per far divertire i suoi baroni durante i banchetti, spegnesse una candela con un rutto, a tre me-
tri di distanza! Qualcuno aggiunge addirittura – ma io non
ci credo – che riuscisse a spegnerle addirittura di carambo-
la, cioè facendo il rutto verso il muro... di sponda... (*mima*)
tac-tac... È umorismo inglese, di cui non siamo in grado di
cogliere tutte le sottigliezze, naturalmente; dobbiamo ac-
contentarci, è come il *cricket*.

Il giullare recita il personaggio di papa Bonifacio VIII. Mima il gesto di pregare e canta

IL GIORNO DEL GIUDIZIO
APPARIRÀ COLUI CHE HA CREATO TUTTO
VERRÀ UN RE ETERNO
VESTITO DI NOSTRA CARNE MORTALE
VERRÀ DAL CIELO CERTAMENTE
IL GIORNO...

S'interrompe e si rivolge ad un immaginario chierico dal quale si fa consegnare la mitria. Riprende a cantare

COSÍ QUEL GIUDIZIO NON SARÀ
UN GRAN SEGNO SI MOSTRERÀ...
(*Mima di togliersi la mitria dal capo*) Oh! se è pesante questo! No, andiamo... devo andare a camminare, io... (*Finge di afferrare un altro copricapo*) Eh, questo va bene... (*Se lo caccia in capo e riprende a cantare*)
IL GIORNO DEL GIUDIZIO...
(*S'interrompe*) Lo specchio... (*Mima di rimirarsi allo specchio*) È storto, eh!... Il guanto! (*Riprende a cantare mimando di infilarsi il guanto. Canta*)
COSÍ QUEL GIUDIZIO NON SARÀ
UN GRAN SEGNO SI MOSTRERÀ...
l'altro... un guanto solo? ho due mani, no? non ho una mano sola... vuoi che me la tagli? (*Canta*)
IL SOLE PERDERÀ LO SPLENDORE
LA TERRA TREMERÀ DI PAURA...
(*Ordina*) Il mantello... il mantellone. (*Mima di afferrare un largo, pesante mantello*)
IL GIORNO DEL GIUDIZIO
APPARIRÀ COLUI CHE...

BONIFACIO VIII

Il giullare recita il personaggio di papa Bonifacio VIII.
Mima il gesto di pregare e canta

> AL JORN DEL JUDICI
> PARRÀ QUI AVRÀ FET SERVICI
> UN REY VINDRÀ PERPETUAL
> VESTIT DE NOSTRA CARN MORTAL
> DEL CEL VINDRÀ TOT CERTAMENT
> AL JORN...

S'interrompe e si rivolge ad un immaginario chierico dal
quale si fa consegnare la mitria. Riprende a cantare

> ANS QUEL JUDICI NO SERÀ
> UN GRAN SEÑAL SA MONSTRARÀ...

(*Mima di togliersi la mitria dal capo*) Oh! se ol è pesanto questo! No, andemo... devo andare a caminare mi...
(*Finge di afferrare un altro copricapo*) Eh, questo ol è
bon... (*Se lo caccia in capo e riprende a cantare*)

> AL JORN DEL JUDICI...

(*S'interrompe*) Ol spegio... (*Mima di rimirarsi allo specchio*) l'è storto, eh!... Ol guanto! (*Riprende a cantare
mimando di infilarsi il guanto. Canta*)

> ANS QUEL JUDICI NO SERÀ
> UN GRAN SEÑAL SA MONSTRARÀ...

L'olter... un guanto domà? g'ho do mani, no? no g'ho
'na mano sola... vòi ch'me la taie? (*Canta*)

> LU SOL PERDRÀ LU RESPLANDOR
> LA TERRA TREMERÀ DE POR...

(*Ordina*) Ol mantelo!... ol mantelon. (*Mima di afferrare
un largo, pesante mantello*)

> AL IORN DEL JUDICI
> PARRÀ QUI AVRÀ...

Ohi se è pesante questo!... (*Cerca di caricarselo in spalla. Chiede aiuto ai chierici*)

APPARIRÀ COLUI CHE HA CREATO TUTTO

Spingete insieme, andiamo... (*Canto rallentato*) Ehi! Volete spingere, voialtri?... Cantatela anche! Devo far tutto da me?... cantare, spingere, portare il mantello, portare il cappello... andiamo! Fermi e ricominciamo! (*Sempre rivolgendosi a chierici immaginari*) E tu, canta: la prima voce! (*Canta fingendo di impostare il canto al chierico*)

... CREATO TUTTO-O-O

(*Riprende dirigendo col capo*)

VERRÀ UN RE ETERNO

Seconda voce. (*Indica un altro chierico*)

VESTITO DI NOSTRA CARNE MORTALE

Terza (*Torna ad indicare il primo chierico*)

VERRÀ DAL CIELO CERTAMENTE

(*S'interrompe scoraggiato*) Sei stonato, eh!!! Mettiamoci a spingere insieme. (*Canta salendo in acuto e blocca di scatto*)

PER FARE IL GIUDIZIO FINALE

Chi è montato coi piedi sul mantello?! (*Si gira imbestialito*) Sei tu, eh?! stonato! Ti faccio tirar su per la lingua, io! disgraziato... non canta e non spinge!... Andiamo... All'alleluiatico parti. (*S'interrompe incredulo*) Non sa neanche cos'è l'alleluiatico?... L'alleluiatico è quel ricciolo che si fa con la voce... Andiamo...

IL GIORNO DEL GIUDIZIO

APPARIRÀ COLUI CHE HA CREATO TUTTO

(*Gorgheggia e tira il manto. Si arresta esausto*) Ohi che mestiere da boia fare il papa! (*Dà un ultimo strappo per caricarsi il manto*)

VERRÀ UN RE ETERNO

VESTITO DI NOSTRA CARNE MORTALE...

(*Di nuovo rivolto a un chierico*) L'anello! (*Alza il tono della voce*) L'anello! (*Sempre cantando s'infila l'anello. Lo rimira e dopo averci alitato sopra nel gorgheggio*) Oh come luccica! (*Ordina*) L'altro... È grande questo, è per il pollice. (*Infila l'anello nel pollice, continua a cantare*)

VERRÀ DAL CIELO CERTAMENTE...

Il bastone! (*Gridando*) Il bastone... non quello per picchiare, andiamo! quello col torciglione. (*Indica la spirale. Riprende il canto*)

Ohi s'o l'è pesanto questo!... (*Cerca di caricarselo in spalla. Chiede aiuto ai chierici*)

PARRÀ QUI AVRÀ FET SERVICI

Spignè ansembio, andemo... (*Canto rallentato*) Uhei! volet spignere voialtri?... cantela anco! A debio far tüto da me?... cantare, spignere, portà ol mantelo, portà ol capelo... andemo! Fermo e recomensemo! (*Sempre rivolgendosi a chierici immaginari*) E ti, canta: la prima vose! (*Canta fingendo di impostare il canto del chierico*)

FET SERVICIII

(*Riprende dirigendo col capo*)

UN REY VINDRÀ PERPETUAL

Secunda vox. (*Indica un altro chierico*)

VESTIT DE NOSTRA CARN MORTAL

Terza. (*Torna ad indicare il primo chierico*)

DEL CEL VINDRÀ TOT CERTAMENT

(*S'interrompe scoraggiato*) A seit stonat, eh!!! Demo a spignere ansembia. (*Canta salendo in acuto e blocca di scatto*)

PER FER DEL SETGLE JUGIAMENT

Chi l'è che monta coi pie sul mantelo?! (*Si gira imbestialito*) A te se te, eh? stunat! At faghe tirar sü per la lengua mi! disgrasiò... no cante e no spigne!... 'demo... All'alleluiatico te parti. (*S'interrompe incredulo*) No 'l sa nemanco cosa l'è l'alleluiatico?... l'alleluiatico l'è quel ríssul ch'as fa con la vose... 'demo...

AL JORN DEL JUDICI

PARRÀ QUI AVRÀ FET SERVICI

(*Gorgheggia e tira il manto. Si arresta esausto*) Ohi che mesté de boja fa lu papie! (*Dà un ultimo strappo per caricarsi il manto*)

UN REY VINDRÀ PERPETUAL

VESTIT DE NOSTRA CARN MORTAL...

(*Di nuovo rivolto a un chierico*) L'anelo! (*Alza il tono della voce*) L'anelo! (*Sempre cantando s'infila l'anello. Lo rimira e dopo averci alitato sopra nel gorgheggio*) Oh come el sbarluscia! (*Ordina*) L'oltro... a l'è grandu questo, a l'è par ul didon. (*Infila l'anello nel pollice, continua a cantare*)

DEL CEL VINDRÀ TOT CERTAMENT...

Ol baston! (*Gridando*) Ol baston... No quel par picà, andemo... quel col turcicón. (*Indica la spirale. Riprende il canto*)

VERRÀ DAL CIELO CERTAMENTE...

Siamo pronti? Partiamo, eh? Andiamo insieme.
Non stare a spingere di colpo, disgraziato: vuoi ve-
dermi stravaccato col muso nel fango? Attento a
te, stonato! Facciamo bilancia, avanti: due colpi di
bilancia prima di partire: un, due, su l'alleluiatico!
(*Canta*)

I BAMBINI CHE NATI NON SARANNO
DENTRO LE LORO MADRI GRIDERANNO
DIRANNO TUTTI PIANGENDO
AIUTACI O DIO ONNIPOTENTE

Come canto bene! Dove andate, voialtri? Dove par-
tite?... dove va tutta 'sta gente?... Mi piantate qui
da solo? Sono il papa Bonifacio, io! Non sono mica
un carrettiere...
Chi è? Chi?... chi è quello con la croce... Gesú?...
Ah, Cristo! Gesú Cristo...
Guarda guarda... orco... com'è conciato... disgraziato! Adesso capisco perché lo chiamano «povero
cristo»... oh boia... ohi come va in giro... Maledi-
zione! andiamo che mi fa impressione guardare
queste cose... (*Finge di rispondere a un chierico
che è di diverso avviso*) Dici che è meglio che gli
vada vicino?... che mi faccia vedere dalla gente che
sono buono, che mi faccia vedere ad aiutarlo a portar la croce... Magari poi tutti mi applaudono, dicono: «Che buono che è, questo Bonifacio»... Ma
sí, facciamoli contenti 'sti minchioni... andiamo.
(*Finge di spogliarsi*) Dài, tieniti il mantello... tene-
telo... il bastone... È meglio che adesso vada. Non
ci crederai, mi tremano le gambe... Gesú, come
va?... Gesú, non mi conosci? Sono Bonifacio... Bonifacio, il papa... Come, chi è il papa! Andiamo...
è il pastore, quello che viene da Pietro, con tutti
gli altri di fila... non mi riconosci? Ah, è per il cap-
pellone... Era perché piove... Magari... (*Rivolto al
chierico*) Vieni a levarmi via tutto... l'anello!... non
far vedere che ho gli anelli... (*Mima di farsi spogliare di ogni orpello*) Non far vedere roba che luccica... È un fissato tremendo, quello! un originalo-
ne... Fuori, levami le scarpe... fuori! Vuol vedere la
gente a piedi nudi... andiamo, fuori! Dammi qualcosa per sporcarmi... la terra, in faccia. (*Si strofina
il viso con il fango*) Dài, sporcami tutto: vuol vedere cosí, è matto! Cosa vuoi, è matto! (*Si rivolge a Cristo*)
Mi riconosci adesso? Sono tuo figlio... Umile, che
lo so che faccio pietà. Gesú... guarda, io m'inginoc-

DEL CEL VINDRÀ TOT CERTAMENT...

A semo pronti? a partísomo eh? Ansembia andemo. No
star a spignere de boto, disgrasiò: te me voi vedar stra-
vasciado col müson in la mota? Atento ti... Stunat! A
femo balansa, avanti: do colpi de balansa avanti de partir: on, doi, su l'alleluiatico! (*Canta*)

LOS INFANTS QUI NATS NO SERAN
DINTRE SES MARES CRIDARAN
DIRAN TOT PLOROSAMENT
AJUDANS DEUS OMNIPOTENT

Come canto ben! Dove andí voialtre... dove partí?... dove va tüta sta zente?... a me impiantí chí da par mi solengo?... el papie a son! Bonifax me! mia son un care-
ter...
Chi elo? Chi?... chi è quelo co' la crose... Jesú?... ah
Cristu!... Jesus Cristo...
Guarda guarda... orcu... com a l'è cunzad... desgrasiò!
Adess cumprendi parché ol ciamen «pover cristu»... oh
boja... ohi come el va inturnu... Malerbétta!... andemo
che mi fa impression a guardar ste robe... (*Finge di rispondere a un chierico che è di diverso avviso*) At díseto
che l'è mejor che mi ghe vago a preso... che me faga vedar
par la zente che mi son bon, che me fago vedar ad aju-
darlo a portar la croze... magari che tüti me plaudeno,
che dicon «Ca bon ca l'è sto Bonifazio...» Ma sí, fasemo
contenti sti mincioni... andemo. (*Finge di spogliarsi*)
Dài, toite el mantelon... teinitelo... ol baston... l'è mejor
che adeso vago... Non te crederà... a g'ho i trembor...
Jesus, cum vala?... Jesus, non te me cognose? a sun
Bonifax... Bonifacio, ol papie... Come chi è lu papie!
Andemo... lu pastor... quelo co lo vien da Pietro, co i
àlteri in fila... a no te me ricognose?... Ah, l'è por ol
capelon... l'era parché ol piove... magara... (*Rivolto al
chierico*) 'Egna torme fora tuto... l'anelo!... No far vedere che g'ho i aneli. (*Mima di farsi spogliare di ogni
orpello*) No far veda roba che sbarlüssega... oh a l'è go-
tico tremendo quelo! A l'è un originalum... fora le scarpe... fora! El vol vedar zente a pie bioti, 'demo, fora!!...
dame quai cossa da sbordegar... la tera in facia. (*Si strofina il viso con il fango*) Dài, sbordegame tuto: el vor
vedar cosí! Cosa vo', l'è mato! (*Si rivolge a Cristo*) A
te me ricognoset adess? A sont ol fiol de ti... umile che
mi ol so che fai pietà... Jesus... varda, mi me inginöci

chio davanti a te... Io che non mi sono mai ingi-
nocchiato, che tutti mi fanno i... Gesú... Gesú... Ma
dammi retta un momento, orco! Ma come, io ti
parlo e tu non mi dài ascolto? Benedetto, un po' di
creanza, ecco! Ti dicevo... (*Si arresta come se Cristo l'avesse interrotto*) Io?... io... Che hai detto?
Che io ho ammazzato i frati?... io? Che ho fatto del
male? Non è vero! Sono cattiverie, sono tutte bu-
gie che mettono in giro le malelingue, per gelosia...
che... (*Additandolo con foga*) Anche di te, m'han
detto delle cose! Caro! Ma io non ci credo mica!
Benedetto, sono cattivi lo sai... (*S'inginocchia disperato*) Gesú! Gesú, guardami negli occhi, che io
ti voglio bene... che ai frati? ma no, che gli voglio
bene, io ho sempre voluto bene ai frati, io... (*Rivolto all'immaginario chierico*) Manda a prendermi
un frate, svelto! (*Al Cristo*) Io gli voglio bene... (*Al
chierico*) Dove vai a trovarli, i frati? Ma in galera,
che è piena!... (*Al Cristo*) Gesú, io... Gesú, guarda
un frate, guarda che bello... (*Mima l'abbraccio e il
bacio, volta il viso disgustato*) Che puzza! (*Al Cristo*) Gesú, fatti aiutare da me a portar la croce, che
io sono forte, tu ti affatichi... io sono abituato... sono un bue, io... porto certi mantelloni! lasciami...
Cireneo, fuori dai coglioni!...
(*Mima scacciare il Cireneo e prendere il suo posto*)
Io ti aiuto... no, non faccio fatica... no... non spingere! Gesú, buono... (*Viene scaraventato lontano
da una terribile pedata*) Cristo!! Una pedata a me?!
Bonifacio! Il Principe! Ah, bene... canaglia... malnato... Oh se lo sapesse tuo padre... disgraziato!
Capo degli asini! Senti, non ho paura a dirtelo che
mi fa piacere vederti inchiodato: che oggi giusto mi
voglio ubriacare, voglio togliermi il piacere di ballare... ballare! Andare a puttane! Perché sono Bonifacio, io... Principe, sono! Mantellone, cappello,
bastone, anelli... tutti! Guarda come luccicano... canaglia... Bonifacio, sono! Cantare! (*Se ne va tronfio
e impettito cantando a tutta voce*)

IL GIORNO DEL GIUDIZIO
APPARIRÀ COLUI CHE HA CREATO TUTTO
VERRÀ UN RE ETERNO
VESTITO DI NOSTRA CARNE MORTALE
VERRÀ DAL CIELO CERTAMENTE

. . . .
. . . .

devanti a ti... che mi sunt gimai ingenugiat, che tüti me
fa i... Jesus... Jesus... dame a tra' un mument, orco! Ma
come, mi at parlo, e ti no me dait ascolto? Benedeto, un
po' de creanza, ecco! Mi at disevo... (*Si arresta come se
Cristo l'avesse interrotto*) Mi?... mi... Co hait dito? che
mi ho amazait i fraite?... mi? che ho fait de mal? No è
vera!... I è de robe cative... i so de le busie che trae intorna i malelengue par gelosia... che... (*Additandolo con foga*) Anca de ti m'han dito de robe... caro! Ma mi no ghe
credo miga! Benedeto, a i cativi, ti sa... (*S'inginocchia disperato*) Jesus! Jesus, vardame nei ogi, che mi te vojo
ben... che ai fraite? ma no, che ghe vojo ben, mi g'ho sempre vorsudo ben ai fraiti. (*Rivolto all'immaginario chierico*) Manda a torme un fraite, svelto! (*Al Cristo*) Mi ghe
vojo ben... (*Al chierico*) Dove ti va a trovarli i fraiti? Ma
in preson, che gh'è impiegnide!... (*Al Cristo*) Jesus, mi...
Jesus, guarda un fraite, guarda che bel. (*Mima l'abbraccio e il bacio, volta il viso disgustato*) Che spussa!... (*Al
Cristo*) Jesus, faite ajdare de mi a portar la crose, che
mi son forte, che ti te fait fadiga... che mi sont abituat...
sont un boeu mi... a porto certi mantelon... laseme... Ci-
raneo... fora de le bale... (*Mima scacciare il Cireneo e
prendere il suo posto*) Mi te ajdi... no, no fag fadiga...
no... no spignere! Jesus, bon... (*Viene scaraventato lontano da una terribile pedata*) Cristu!! Una pesciada a
mi?! Bonifax!! Lo Prense! ah bon... canaja... malnato...
Ah, s'ol savese to padre... disgrasiò! Cap de' aseni!...
Sente, no g'ho pagüra da ditel che me fa el piazer de
vederte inciudà, ca incoo giüsta am voj ciucare, a voj
torme lo plaser de balare... balare! andà de pütane! parché sunt Bonifax a mi... prence son! Mantelon, capelo,
baston, aneli... tuti!!! Va', 'me sbarlüscen... canaja...
Bonifax sun! Cantare! (*Se ne va tronfio e impettito cantando a tutta voce*)

> AL JORN DEL JUDICI
> PARRÀ QUI AVRÀ FET SERVICI
> UN REY VINDRÀ PERPETUAL
> VESTIT DE NOSTRA CARN MORTAL
> DEL CIEL VINDRÀ TOT CERTAMENT
>
> . . . .
> . . . .

Testi della Passione

In una locanda alcuni sfaccendati giocano a carte con il matto.

MATTO   Il cavallo su l'asino, la vergine sul vizioso e mi porto a casa tutto. Ah ah. Avete sempre avuto la convinzione che io fossi un pollo da spennare, eh? E adesso, come la mettete? (*Distribuisce le carte*).

PRIMO GIOCATORE   Non è ancora finita la partita... aspetta un po' a (prima di) cantare!

MATTO   No, che io invece canto... e ballo... Oh che belle carte. Buona sera maestà, signor re, vi dispiace andarmi a prendere la corona di quel bastaccio del mio amico? (*Sbatte una carta sul tavolo*).

SECONDO GIOCATORE   Ah ah... ci sei caduto col re, perché io ci sbatto (sopra) l'imperatore!

MATTO   Ohi ohi, guarda cosa mi fa l'imperatore: ci picchio (ci sbatto sopra) questo (*si volta di schiena appoggiando il sedere sul tavolo*) e poi per giunta quest'assassino che ti ammazza l'imperatore come un maiale.

PRIMO GIOCATORE   E io ti fermo (arresto) l'assassino col capitano...

MATTO   E io ti faccio venir la guerra, cosí il capitano deve partire.

SECONDO GIOCATORE   E io la carestia, il colera e la peste che fanno terminare la guerra.

MATTO   E tu allora prendi l'ombrello che sputo tempesta, sputo questo temporale... sputo pioggia e diluvio... (*Ha bevuto dalla brocca e spruzza tutti quanti*).

PRIMO GIOCATORE   Ohi disgraziato d'un Matazone, sei matto?...

MATTO   Eh sí che sono matto, ah... se mi chiamate Matazone, sono matto... e io vinco la partita a tarocchi con il diluvio che fa far fagotto ad ogni pestilenza.

In una locanda alcuni sfaccendati giocano a carte con il matto.

MATTO   Ol caval sü l'asen, la verzen sora al vizius e am porti a casa tüto. Ah, ah. Avit sempre üt la cunvinzion ca mi füs un polastro de spenà vu, eh? E mo', com' la metíu? (*Distribuisce le carte*).

PRIMO GIOCATORE   No a l'è finida anc'mo la partida... pecia un bot a cantà!

MATTO   No, che mi a canto de contra... e a balo... Ohi che bele carte. Bona sira maiestà, segnor regio, av despiàse andarme a catar la corona de quel bastardasc d'ol me amig? (*Sbatte una carta sul tavolo*).

SECONDO GIOCATORE   Ah ah... at set tumburnà col regio ca mi ghe pichi l'imperadur!

MATTO   Ohi ohi, varda a ti cosa ol me cascia st'imperadur: ag pichi là quest (*si volta di schiena appoggiando il sedere sul tavolo*) e poe de giünta st'asasin che at copa l'imperadur 'me un porscel.

PRIMO GIOCATORE   E mi at stopi l'asasin col capitani...

MATTO   E mi at fag vegnir la guera che ol capitani ol dev partir.

SECONDO GIOCATORE   E mi la carestia e ol culera e la peste che le guere a fan furní.

MATTO   E ti alora tö l'umbrela che sptiú tempesta, sptiú st' tempuraj... sptiú piova e delugi... (*Ha bevuto dalla brocca e spruzza tutti quanti*).

PRIMO GIOCATORE   Ohi desgrasiad d'un Matazon, at si mat?...

MATTO   Eh sí che a son mato ah... se a me ciamit Matazon, son mato... e a me vincio 'e partide de tarochi cont al delügi che a omni pestilenza fa fà ol fagot.

OSTESSA   Smettetela per favore di far bordello (fracasso), perché c'è gente nello stanzone che sta per
mettersi a tavola.

MATTO   Chi sono?

OSTESSA   Non lo so... non li ho mai visti qui a Emmaus quelli lí, nella mia locanda. Li chiamano gli
apostoli...

SECONDO GIOCATORE   Ah! Sono quei dodici che vanno
dietro al Nazareno.

MATTO   Sí: il Gesú, che sarebbe quello che sta in
mezzo, guardalo là... che a me è tanto simpatico!
Ohè, Gesú Nazareno, ti saluto! Buon appetito! Hai
visto? mi ha schiacciato l'occhio... com'è simpatico!

TERZO GIOCATORE   Dodici e uno tredici... oh, si mettono a tavola in tredici, che porta cosí male!

MATTO   Oh, ma se sono matti! Aspetta che gli faccio
una scaramanzia per scacciargli via il malocchio.
(Canta) Tredici a cena scalogna non porta, malocchio resta tranquillo che io tocco queste chiappe!
(Palpa il sedere all'ostessa).

OSTESSA   Stai buono, Matazone, che mi fai rovescia-
re l'acqua bollente!

PRIMO GIOCATORE   L'acqua bollente! Cosa se ne fanno quelli?

OSTESSA   Credo che vogliano lavarsi i piedi.

SECONDO GIOCATORE   Lavarsi i piedi prima di mangiare? Ohi! Sono proprio matti! Matazone, dovresti
andare con loro che quelli sono i compagni fatti apposta per te.

MATTO   L'hai detto, hai ragione: vinco 'sta partita e
con i soldi che mi pagherete vado di là nello stanzone a bermeli tutti con loro... e voi non venite, voi
non potete stare con i matti perché siete figli di puttana e di ladroni.

Gli cambiano le carte.

TERZO GIOCATORE   Gioca, gioca che voglio proprio
godermela, questa tua vincita.

MATTO   A proposito di ladroni: dove è andato a finire il matto che avevo fra le mie carte?

SECONDO GIOCATORE   Dategli subito uno specchio, che
si possa ammirare: troverai subito la faccia del tuo
matto...

OSTESSA   Deighe on taj par piazer de fà sto burdeleri, che gho zente in d'ol stanzon ch'i è renta andar a tabola.

MATTO   Chi a sont?

OSTESSA   No l' sag mi... che no i g'avevi gimai vedúi chilo' a Emmaus queili, in la mea lucanda. I ghe dise i apostoli...

SECONDO GIOCATORE   Ah, i sont quei dodes che ag van intorno al Nazareno.

MATTO   Sí: ol Gesú, che ol seria queilo che ol sta in del mez, vardalo là... ch'ol m'è tant sempatich a mi. Ohè, Gesú Nazaren, at salüdi! Bon apetit! Hait vist, ol m'ha schisciad l'oegio... com' a l'è sempatich!

TERZO GIOCATORE   Dodes e vün tredes... o i 's met a tabola in tredes, che ag mena sí tanto gram!

MATTO   Oh, ma se i sont matochi! Pecia che ag fag 'na scaramanza par scasciarghe via ol maloegio. (Canta)
Tredes a cena scalogna nol mena
maloegio stà quac che at tochi sti ciapp!
(Palpa il sedere all'ostessa).

OSTESSA   Staite bon, Matazon, che am fait reversare l'acqua bujenta!

PRIMO GIOCATORE   L'acqua bujenta, cosa an fan cos'è a queili?

OSTESSA   A credi che i se vol lavase i pie.

SECONDO GIOCATORE   Lavarse i pie inanze de magnar? Ohi chi è 'mpropi mati! Matazon, ti at dobiareset andarghe cont lori che a queili a sont i compagnon fadi a bela posta par ti.

MATTO   A tl'hait dit, ti g'ha rezon: am vencio sta partida e cont i palanchi che am pagaret vag de là in d'ol stanzon a bevarmei tüti cont lori... e vui no vegní miga, che vui no podit star coi mati e matazoni, che a sit fiol de putane e de ladroni.

Gli cambiano le carte.

TERZO GIOCATORE   Gioega, gioega, che am voi propi goed sta tua vinciüda.

MATTO   A sproposit de ladroni: 'ndua l'è 'ndad a furní ol mat che g'l'avevi in mez a i me carti?

SECONDO GIOCATORE   Deighe un spec che ol se poda mirar: at truaret de sübet la facia d'ol to mat...

PRIMO GIOCATORE   Gioca e non perdere tempo... (*gioca*) cavaliere con lo spadone.

SECONDO GIOCATORE   Regina col bastone.

MATTO   Strega col caprone.

TERZO GIOCATORE   Il bambino innocente.

PRIMO GIOCATORE   Il Dio onnipotente.

MATTO   La giustizia e la ragione.

SECONDO GIOCATORE   Il furbo e l'avvocato.

TERZO GIOCATORE   Il boia e l'impiccato.

MATTO   Il papa e la papessa.

PRIMO GIOCATORE   Il prete che fa la messa.

SECONDO GIOCATORE   La vita bella e allegra.

TERZO GIOCATORE   La morte bianca e negra.

SECONDO GIOCATORE   Di carte non ne hai piú: caro il mio matto, hai già perso.

MATTO   Possibile! Ma come ho fatto a perdere?

PRIMO GIOCATORE   Come hai fatto? Non sei capace di giocare, caro il mio Matazone coglione. Adesso paga, fuori questi soldi!

MATTO   M'avete pelato completamente, boia d'un gobbo... E dire che a pensarci mi sembrava proprio di averla io questa carta della morte, mi ricordo che ce l'avevo qui nel mezzo.

Sul fondo appare la Morte: una donna bianca con gli occhi cerchiati di nero.

SECONDO GIOCATORE   Ohi mamma... chi è quella?

Il matto volta le spalle alla Morte. È intento a contare i soldi.

TERZO GIOCATORE   La strega... la morte!

Fuggono tutti meno il matto.

MATTO   Sí, la morte! Proprio... ce l'avevo io! Oh che freddo... dove vi siete cacciati tutti? Ho il freddo che mi arriva alle ossa. Chiudete quella porta... (*Sbircia appena la Morte*) Buon giorno. È tutto chiuso, da dove viene questo freddo boia? (*Vede la Morte*) Buon giorno, buona sera... buona notte, madama, con permesso. (*Si alza per andarsene*) Siccome i miei amici sono andati... (*Ha dimenticato i soldi sulla tavola*) Cercate qualcuno? La padrona è

PRIMO GIOCATORE   Gioega e no stà perd 'ol temp... (*gioca*) cavajer col spadon!

SECONDO GIOCATORE   Rejna col baston.

MATTO   Strolega col cavron.

TERZO GIOCATORE   Ol bambin innozente.

PRIMO GIOCATORE   Ol Deo 'nipotente.

MATTO   La justizia e la rezon.

SECONDO GIOCATORE   Ol furbaso e l'avocat.

TERZO GIOCATORE   Ol boja e l'impicat.

MATTO   Ol papa e la papesa.

PRIMO GIOCATORE   Ol preite che fa mesa.

SECONDO GIOCATORE   La vita bela e alegra.

TERZO GIOCATORE   La morte bianca e negra.

SECONDO GIOCATORE   De carte a gh' n'et pü: caro ol me mat ti gh'a perdü.

MATTO   Pusibil! Ma come ho fait a perdre?

PRIMO GIOCATORE   Com' l'ha fait?! No ti è bon de ziogar, ol me car Matazon cojon. Paga mo', foera ste palanche!

MATTO   M'avit pelat al cumplet, boia d'un goebo... E di' che a pensag me pareva d'averghela mi, de seguro, sta carta de la morte... am regordi che ag l'avevi chi in d'ol mez.

Sul fondo appare la Morte: una donna bianca con gli occhi cerchiati di nero.

SECONDO GIOCATORE   Ohi mama... chi a l'è quela?

Il matto volta le spalle alla Morte. È intento a contare i soldi.

TERZO GIOCATORE   La stria... la morte!

Fuggono tutti meno il matto.

MATTO   Sí, la morte, impropi... g'l'aveva mi! Ohi che frio... 'ndua av sit casciadi tüti? gh'è ol frio ch'a'm riva in d'i osi. Sarit sta porta... (*Sbircia appena la Morte*) Bon dí. Gh'è tüto serad... d'in dove ol vegne sto infregiamento boia? (*Vede la Morte*) Bon dí, bona sira... bona note, madama, cont permes. (*Si alza per andarsene*) Sicome i me amisi a sont andatt... (*Ha dimenticato i soldi sulla tavola*) Scerché quaidün? La padrona l'è de là

di là nello stanzone a servire in tavola gli apostoli
e la catinella per lavarsi i piedi: se volete andarci,
non fate dei complimenti. Oh che batto i denti!

MORTE   No, vi ringrazio, ma io preferisco aspettare
qui.

MATTO   Bene, se vuol sedersi si prenda questa sedia,
è ancora calda, l'ho scaldata io! Mi scusi, signora,
ma adesso che la guardo piú da vicino mi sembra
d'averla già conosciuta un'altra volta.

MORTE   È impossibile, che io sono una che si conosce
una volta sola.

MATTO   Ah sí? Una volta sola? E ha una parlata fore-
stiera, che mi sembra toscana. Non lo è? È ferra-
rese? Romana? Trevigiana? Di Sicilia? Nemmeno
di Cremona? Che quelli lí sono i piú forestieri di
tutti, piú forestieri dei lodigiani, che sono foresti-
ri persino dentro Lodi! Ad ogni modo, signora, mi
permetta di dirle che la trovo un po' giú di carreggiata, un po' pallida, dall'ultima volta che non l'ho
conosciuta.

MORTE   Dici che sono pallida?

MATTO   Sí, non vi offendete, spero?

MORTE   No, io sono eternamente stata pallida. Il pallore è il mio (colore) naturale.

MATTO   Pallida naturale? Ah, ecco a chi assomigliate!
Voi assomigliate sputata a questa figura dipinta sulla carta!

MORTE   Infatti, sono la Morte.

MATTO   La Morte? Ah, siete la Morte, voi? Oh guarda che combinazione! È la Morte! Bene... piacere...
io sono Matazone.

MORTE   Ti faccio paura, eh?

MATTO   Paura a me? No, io sono matto e lo sanno
tutti anche nel gioco dei tarocchi, che il matto non
ha paura della morte. Anzi, al contrario, la va cercando per far coppia maritata, che insieme vincono
ogni carta, persino quella d'amore!

MORTE   Se non hai paura, com'è che ti trema questa
gamba?

MATTO   La gamba? È perché questa gamba non è mia.
La mia vera l'ho persa in un campo a guerreggiare...
e allora ne ho presa una di un capitano che era
morto, e la sua gamba si muoveva ancora viva come fosse stata la coda di una lucertola ammazzata.
E dunque gli ho tagliato questa gamba e me la so-

in d'ol stanzun a servig in tavola a i apostul ol baslot de
lavas i pie: se a vorsí andag, no fit di cumplimenti. Ohi
che barbeli!

MORTE   No, av rengrazio, ma preferzo de spectare quinve.

MATTO   Bon... se la vol sentarse, la s'toga sta cadrega...
l'è anc'mo calda, che g'l'ho scaldada mi! Ca scüsa, madama... ma indes che la vardi plü de renta am somegia
d'aveg'la reconosüda n'altra voelta.

MORTE   El sta imposible, ch'eo me sont una ch'as conose
una volta mas solamente.

MATTO   Ahi sí? una volta mas...? E la g'ha una parlada de
foresta... che la me par toscania... no la è? La è feraresa?
Romana? Trevigiana? De Cicilia? Ne manco de Cremona? Che i sont i plu foresti de tüti quei, plus foresti de
i lodigiani che i son foresti infine derento a Lodi! Ab-
omni manera, madama, am permetí de dirve che av truvi
un poc giò de caregiada, un poc smortina, de l'ültema
voelta che no ve g'ho cognosüda.

MORTE   At dit smorta?

MATTO   Sí, no ve ofendit, a spero?

MORTE   No, che eo a sont in sempiterna stada smorta. Che
smorto e gli è el meo naturale.

MATTO   Smorto al naturale? Ah, eco a chi a ghe somegia!
Vu che somegí spüada a sta figüra ch'è pintürada sü sta
carta!

MORTE   Enfacti, ch'eo sont la Morte.

MATTO   La Morte? A sit la Morte, a vu? Oh ti varda la
combinasiu'! a l'è la Morte! Bon... piazere... mi a sont
Matazon...

MORTE   Te fago pagüra, eh?

MATTO   Pagüra a mi? No, che mi a son mato matazone,
e ol san tüti che anco in d'ol ziogo de i tarochi ol mato
no ol g'ha pagüra de la morte. Anze, de contra la va
zercando par far copia maridada, che insema i venze
omnia carta: infin quela d'amore!

MORTE   Se no ti g'hai pagura, come l'è che ti tremba sta
giamba?

MATTO   La giamba? A l'è perché a no l'è mia, sta giamba
chí! Che la mia vera de mi me la g'ho perdüda in d'ol
campo a guerezare... e alora ne g'ho catada una d'un capitano... che lü a l'era morto e la soa giamba la svisigava
anc'mo viva como la fuese una coa d'una luzertula cu-
pada. E donca g'l'hait taiada, sta giamba e m'la sont ta-

no attaccata da solo, con lo sputo; che, guardate, si capisce bene che non può essere la mia... è piú lunga di una spanna e mi fa andare zoppo. Ohi! Sta' buona (gamba del capitano), che non si deve avere paura davanti a una signora madonna illustrissima cosí... andiamo, appoggia!

MORTE   Sei ben gentile a chiamarmi illustrissima e madonna.

MATTO   Oh, non lo faccio per cerimonie, credetemi, è che per me, lo giuro, voi siete illustrissima e anche simpatica. E ho piacere che voi siate venuta a trovarmi, ché voi mi piacete, tanto che vi voglio pagare da bere, se me lo permettete!

MORTE   Ben volentieri! Hai detto che ti piaccio?

MATTO   Certo! Tutto mi piace di voi, il profumo di crisantemi che avete addosso, e il pallore smorto della faccia, che da noi si dice: «Donna di carne fina dal colore della biacca, donna che a far l'amore mai non si stanca».

MORTE   Oh, mi fai diventare vergognosa, matto che non sei altro, nessuno mi aveva mai fatto arrossire in questo modo.

MATTO   Arrossite perché voi siete donna vergine e purissima: è vero che parecchi uomini voi avete abbracciato, ma per una volta sola... ché nessuno di quelli meritava di venire a dormire stretto a voi, che nessuno vi porta amore sincero né stima.

MORTE   È vero, nessuno mi stima!

MATTO   Perché voi siete troppo modesta e non fate suonare corni, né battere tamburi ad annunciare la vostra venuta, con tutto che siete Regina... Regina del mondo! Alla vostra salute, Regina!

MORTE   Salute della Morte? Non indovino se sei piú matto o piú poeta.

MATTO   Tutti e due, perché ogni poeta è matto, e viceversa. Bevete, pallidina, che vi darà un po' di colore questo vino.

MORTE   Oh come è buono!

MATTO   E come non potrebbe essere buono? È lo stesso che sta bevendo il Nazareno, nello stanzone di là, e quello se ne intende eccome di vino! Gran conoscitore egli è!

MORTE   Qual è il Nazareno fra quelli?

MATTO   Il giovane seduto nel mezzo, quello con gli occhi grandi e chiari.

MORTE   Oh, è un gran bell'uomo, e dolce.

cata a mi con la spüa... che, vardit, ol se comprend ben
che no la pò ess la mia... a l'è plü longa de ona spana che
la me fa 'ndà zopo de strambola, a mi! Ohi, güra, che no
as deve trembar de fifa d'enanze a una segnora madona
lustrisema compagna... 'dem, pogia!

MORTE   At set bon zentile a nomarme lustrisema e madona.

MATTO   Oh, n'el fag per zerimonia, credime... ca par mi,
a v'al giüri, vu s'et lustrisima e infin simpatiga... e mi
g'hait plazer che vui sit gnüda a trovarme a mi, che vui
me piaziu, tant che av voi pagar de bevar, se am permetí!

MORTE   Ben volentera... Hai dit ch' eo at plazi a ti?

MATTO   Següra! Tüto am piaze de vui: ol parfüm de gri-
zantemi che gh'i' indoso, e ol palor smorto de la facia,
che de noialtri as dise: «Dona de carna fina d'ol color
d'la biaca, dona che in d'ol far l'amor no l'è mai straca».

MORTE   Oh che 'm fait gnire svergognosa, mato che no
seit artro. Niuno me aveva gimai fata rosire in sta manera.

MATTO   Rusít imparché vui sit dona verzine et purisima:
che a l'è vera che pareci omeni vui avit imbrasad, ma par
una voelta sojamente... che niuno de quei ol meritava de
'gní a dormí con vui, strengiüda, che niuno av porta
amor sinzer ni stima.

MORTE   A l'è vera, niuno me stima.

MATTO   Imparché vui set trop modesta e no fet sonar
corni, ni bater tambori a nunziar la vostra vegniuda, con
tüt che sit Rejna... Rejna d'ol mundo! A la vostra sanità, Rejna!

MORTE   Sanità de la Morte? No' 'ndivino si ti è plu mato
o plu poeta.

MATTO   Tuti li dò: imperoché omni poeta a l'è mato, e
al roerso. 'Evít, smortina, che ol ve darà un poc d'colur
sto vin.

MORTE   Oh ch' l'è bon!

MATTO   E come n'ol podaria es bon... a l'è isteso che l'è
renta a bef ol Nazareno, in d'ol stanzun de là... e quel
as n'intende e come ad vin... gran cognosidur l'è, quel!

MORTE   Lo qual'è ol Nazareno in fra quei?

MATTO   Ol zovin sentad ind'ol mez, quel cont i ogi grandi
e ciari.

MORTE   Oh gli è un gran bel'omo, e dolze.

MATTO   Sí, è un bell'uomo, ma non vorrete ingelo-
sirmi? Non mi vorrete fare il dispetto di lasciarmi solo per andare con loro?... ché mi verrebbe da
piangere disperato!

MORTE   Mi vuoi lusingare, eh, furbacchione?! (*Si toglie il velo nero*).

MATTO   Io lusingare? Lusingare una dama che non si
lascia mettere in soggezione né da papi, né da imperatori? (*La Morte appare con i capelli biondi*). Oh!
Che bella che sei con questi capelli, che io volentieri coglierei tutti i fiori della terra per buttarteli
addosso da coprirti tutta sotto un gran mucchio, e
poi mi butterei anch'io a cercarti sotto quel mucchio, e ti spoglierei dei fiori... e di tutto!

MORTE   Mi fai venire un gran caldo con queste parole, caro il mio matto, e mi spiace, ché volentieri
sarei rimasta in tua compagnia e ti avrei portato
con me.

MATTO   Non sei venuta per quello? Per portarmi via
con te? Ah! Non sei venuta per me... Ah, ah... E
io che credevo... Oh, è molto ridicolo 'sto fatto, bene! Mi fa proprio piacere 'sto scambio, sono proprio contento... Ah, ah.

MORTE   Ora vedo che tu eri falso e bugiardo e che
fingevi di amarmi per tenermi buona, per paura
della morte... che sono io, quella.

MATTO   Non hai capito, pallidina, io sono contento
perché non sei venuta da me per interesse, non sei
rimasta in mia compagnia per il tuo mestiere di ti-
rarmi fuori l'ultimo respiro, ma solamente perché
io sono simpatico a voi, non è vero? Vi sono simpatico io, pallidina? Ditemi, cosa vi succede? ché
vi gocciolano fuori le lacrime dagli occhi? Oh, questa è grossa, la morte che piange! Vi ho fatto offe-
sa io?

MORTE   No, tu non mi hai offeso, tu mi hai addolcito
il cuore solamente, io piango per malinconia di
quel figlio Gesú (che è) cosí dolce, che è lui quello
che mi tocca portarmi via a morire.

MATTO   Ah, per lui sei venuta? Per il Cristo! Bene,
mi spiace proprio, povero giovane, con la faccia cosí da buono che ha. E per quale accidente lo por-
terai via? Malattia di stomaco? Di cuore? O di
polmoni?

MORTE   Malattia della croce...

MATTO   Della croce? Finirà inchiodato? Oh povero
Cristo, che non poteva avere un altro nome piú

MATTO   Sí, a l'è un bel omo, ma no me vorsarí far 'gnir
gialuso... no me vorsarí far ol despet de lasarme de par
mi zol par andarghe in compagnia de lori... che am vegnaría de planger desesperat!

MORTE   Ti me vol luzingare oh, furbaso?! (*Si toglie il velo nero*).

MATTO   Mi luzingar? Luzingar 'na dama che ne manco de
imperador, nemanco de papa no se lasa menar in soge-
zion? (*La Morte appare con i capelli biondi*). Ohi che bela
che ti è co' sti cavei, che mi volentera a cataria toti i fior
de la tera per butarteli indoso de covrirte tuta soto un
gran mucio, e po' am butaría anc mi a scercarte sota a
quel mucio e a spoiarte de i fior... e de tuto!

MORTE   At m' fait gnir gran calor con ste parole, el meo
mato, e am rincresce caro, che volentera avria vorsudo
starte in compagnia e portarte seco a mi.

MATTO   No ti è gnüda par quel, par portarme via con ti?
Ah ah, no set gnüda par mi... ah ah... e mi che am fi-
gurava... ohj che a l'è gran ridiculaso sto fato... bon,
am fa major plazer sto scambio, a sont propi content...
ah ah!

MORTE   Mo a vego ben che ti eri falzo... bosiardo... che ti
fazevi mostra de amarme par tegnerme bona, per pagura
de la morte... che a sont eo, quela.

MATTO   No, no ti g'ha capit, smortina... a mi sont content
imperché vu no v'et gnüda de mi par interese... no v'et
restada in compagnia de mi par ol mesté de tram foera
l'ültem sospir... ma sojamente imparché mi a ve sont
sempatec a vui... a l'è vera? av sont sempatic me... smortina? Dime. Se l'è ch'av suced? Che av gota foera i la-
groem da i ogi? Oh sta l'è grosa: la mort che la piang...
a v'ait purtat ofesa, a mi?

MORTE   No, ti ne me g'hai ofesa... ti m'hai molcido ol cor
sojamente... eo plango par malenconia de quel fiolo Jesus sí dolze... che elo quel ne tocherà de tollerme a morir.

MATTO   Ah, par lü at set gnüda... Par ol Crist! Ben, a me
rencres anc a mi... por zovin, cont la facia inscí de bon
c'ol g'ha. E par quale azident t'ol menaret via: maladia
de stomec, de cor o curedela?

MORTE   Maladia de la croze...

MATTO   De la croz? Ol fornirà inciudad? Oh pover Crist...
che n'ol podeva veg n'alter nom plu sventurat? Sent,

sventurato. Senti, pallidina, fammi un piacere, lascia che io vada ad avvisarlo che si prepari a questo supplizio tremendo.

MORTE È inutile che tu lo avvisi, perché lui lo sa già, lo sa da quando è nato che domani dovrà allungarsi in croce.

MATTO Lo sa e resta lí tranquillo a raccontarla su, e a sorridere beato coi suoi compagni? Oh, che è matto anche lui peggio di me!

MORTE L'hai detto... e come non potrebbe essere matto uno che ama di tanto amore gli uomini, persino quelli che lo porteranno in croce, persino Giuda che lo tradirà?

MATTO Ah, sarà il Giuda? Quello là che sta in un angolo della tavola, che gli farà il servizio? L'avrei scommesso! Con quella faccia da giuda! Aspetta che vado di là a dargli un paio di schiaffoni a 'sto malnato e poi gli sputo in un occhio.

MORTE Lascia correre, non vale la pena, ché a tutti dovresti sputargli negli occhi, ché tutti gli volteranno le spalle, quando verrà il momento.

MATTO Tutti? Anche il san Pietro?

MORTE Lui per primo e tre volte di seguito. Vieni, non stiamoci a pensare piú, vieni a versarmi del vino che mi voglio ubriacare, allontanare da 'sta tristezza.

MATTO Hai ragione, è meglio avere la morte allegra. Dunque: beviamo e scacciamo il magone. Bella pallidina, vieni che stiamo allegri. Slacciati questo mantello che voglio vedere queste braccia sode del color della luna... Oh, come sono belle! E slacciati anche il giubbetto davanti che voglio vedere e lucidarmi gli occhi con questi due pomi d'argento che sembrano le stelle Diane.

MORTE No, ti prego, matto, che io sono signorina e ragazzina (vergine) e mi vergogno tutta, ché nessun uomo mi ha mai toccata nuda!

MATTO Ma io non sono un uomo, io sono matto e la morte non farà peccato a fare l'amore con un matto, con un folle pazzo come sono io. Non aver paura, ché io spegnerò tutti i lumi e ne lascerò uno solo, e andremo a ballare (balleremo) dei bei passetti che ti voglio insegnare e ti voglio far cantare di sospiri e di lamenti amorosi.

smortina: fam un piaser, lasa che mi ag vaga a visal...
c'ol se prepara a sto süplizi tremend.

MORTE   Gli è inutil che t' l'avisi, imparché sí 'l conose...
el sape ben de quand nascío al mundo che diman e do-
biarà slongarse in croze.

MATTO   Ol sape... ol cognos e, de giunta, ol resta lí loga
tranquil a cuntarla sü e ghe surid beat ai so compagnon?
Oh che a l'è mat anc lü pegior de mi, quel!

MORTE   Te l'hait dito... e como no el podaria es mato, un
che l'ama de tanto amor i omeni, imperfino quei che el
meneranno a la croze... imperfino 'l Giuda che l'anderà
a trajrlo?

MATTO   Ah, ol sarà ol Giüda? Quel là che e sta in un cantun a la tabola, che ag farà ol servizi? Ag-varía scume-
tüd... Sta facia de giüda! Specia che ag vag là a darghe
un para de sgiafuni a stu malnat... e ag spüdi in t'un
ogio.

MORTE   Lasa corir... n'ol val la pena... che a tuti ad dova-
rajghe spudarghe in l'ogi, che tuti ag volterano le spalle
quand le vegnerà el momento.

MATTO   Tüti? Anc ol sant Pedar...?

MORTE   Lo quel par el primo, e tre volte de retorno. Vien,
no stamoce a pensare plu... 'egni! a versarme el vino che
me voio imbriacare... slontanar de sta trestizia.

MATTO   At g'hait rezon... ol meior è averghe la morte alegra. Donca: bevemo a scaciamagon! Bela smortina...
vegn in alegreza: slazate sto mantel che at voi vedar ste
braze stagne d'ol color d' la lüna... ohi che e son bele...
e slazet anc ol gibot d'inanz che at voi lustrarme i ogi
con sti to doi pomi d'arzento che par le stele Diane...

MORTE   No, a te pregi, mato... che eo a mi sont donzela,
o garzoneta e me svergogno tuta... che niuno omo el ma
gimai tocata snuda!

MATTO   Ma mi no sont omo... mi a sont mato... e no ghe
sarà pecat par la morte far l'amor con un foll balengo
che a song mi quel... no t'g'abia pagura che mi a smor-
zerò tüti i lümi... e a un solengo an lasarò... o andaremo
a balar... di bei paseti che at voi 'nsegnar... at voi far
cantar de sospiri e de lamenti inamorosi.

Maria sta in compagnia di Giovanna e per strada incontra Amelia.

AMELIA Buon giorno Maria... buon giorno Giovanna...

MARIA Buondí Amelia, state andando a fare la spesa?

AMELIA No, l'ho già fatta questa mattina... devo dirvi una cosa, Giovanna.

GIOVANNA Ditemi; con permesso, Maria...

Si appartano e parlano concitate.

MARIA Dove va tutta questa gente? Cosa sta succedendo là in fondo?

GIOVANNA Sarà qualche sposalizio di sicuro...

AMELIA Sí, è uno sposalizio... vengo di là proprio adesso.

MARIA Oh, andiamo a vedere, Giovanna, che a me piacciono tanto i matrimoni. È giovane la sposa? E lo sposo chi è?

GIOVANNA Io non lo so... credo che debba essere uno di fuori.

AMELIA Andiamo Maria, non state a perdere tempo con i matrimoni... andiamo a casa, che dobbiamo ancora mettere l'acqua sul fuoco per la minestra.

MARIA Aspettate, ascoltate. Stanno bestemmiando!

GIOVANNA Oh, bestemmieranno per allegria e contentezza...

MARIA No, che mi sembra che lo facciano con rabbia: «stregone!», hanno gridato... sí, ho inteso bene... ascoltate che vanno a ripetere. Con chi ce l'hanno?

GIOVANNA Oh, adesso che mi viene in mente, non è per uno sposalizio che gridano, ma contro uno che hanno scoperto questa notte che ballava con un caprone, che poi era il diavolo.

MARIA VIENE A CONOSCERE
DELLA CONDANNA IMPOSTA AL FIGLIO

Maria sta in compagnia di Zoana e per strada incontra Melia.

MELIA   Bon dí Maria.. bon dí Zoana.

MARIA   Bon dí Melia, sit 'dré andar a far spesa?

MELIA   No, ag l'ho d' già fatta sta matina... av g'ho de dive un rob, Zoana.

ZOANA   Disíme. Cunt parmes, Maria...

Si appartano e parlano concitate.

MARIA   In doe la va tüta sta zente? cosa l'è 'dré a süced là in funda?

ZOANA   Ol sarà quai sponsalizi de seguro...

MELIA   Sí, a l'è on sponsalizi... vegni de là improprio ades.

MARIA   Oh 'ndem a vedar, Zoana, che a me piasen tanto i sponsalizi, a mi. A l'è zovina la sposa? E ol sposo chi a l'è?

ZOANA   No sag mi... a credi col debia es un de foera...

MELIA   'Dem, Maria, no stit a perd ol tempo co' i matrimoni... 'ndemo a casa che g'avem anc'mo de metarghe l'acqua al fogo per la menestra.

MARIA   Specít, 'scultí. A i è 'dré a biastemà!

ZOANA   O i biastemerà par 'legria e contentesa!

MARIA   No, che me someia... col fagan con rabia: «stregonaso», g'han criad... sí g'ho intendío ben... 'scultí co i va a repét. Contra a chi e g'l'han?

ZOANA   Oh, 'des che me 'egn in mente... no l'è per un sponsalizio, che i vosa, ma contra a ün che l'han descoverto sta note che ol balava con un cavron che pö a l'era on diavulo.

MARIA   Ah, per quello gli dicono stregone?

GIOVANNA   Sí, sarà per quello... ma non facciamo tardi, Maria, andiamo a casa che non sono cose da vedere quelle, che può succedere di prendersi il malocchio.

MARIA   C'è una croce che spunta sopra le teste della
gente! E altre due croci che spuntano adesso!

GIOVANNA   Sí, queste altre sono di due ladroni...

MARIA   Povera gente... vanno a crocifiggerli tutti e
tre... chissà la loro mamma! E magari lei, povera
donna non sa neanche che stanno ammazzando suo
figlio.

Sopraggiunge correndo la Maddalena.

MADDALENA   Maria! Oh, Maria... vostro figlio Jesus...

GIOVANNA   Ma sí, ma sí, lo sa di già lei... (A parte)
Stai zitta disgraziata.

MARIA   Cosa è che so già io? Cosa è capitato a mio
figlio?

GIOVANNA   Niente... cosa dovrebbe essergli capitato,
o santa donna? C'è solo che... ah, non te lo avevo
detto? Oh, che smemorata che sono... mi era uscito
dalla testa di avvisarti che lui, tuo figlio, mi aveva
detto che non verrà a casa a mangiare a mezzogiorno perché deve andare sulla montagna a raccontare
parabole.

MARIA   È questo che sei venuta a dirmi pure tu?

MADDALENA   Sí, questo, Madonna.

MARIA   Che sia ringraziato il Signore... eri arrivata
tanto di corsa, cara figlia, che io mi ero presa una
paura di quelle... mi ero già figurata non so mica
quale disgrazia... Come siamo stupide alle volte,
noi altre mamme! Ci preoccupiamo per niente!

GIOVANNA   Sí, ma anche lei, questa matta, che arriva
correndo accaldata per venire a darti l'annuncio di
queste stupidaggini.

MARIA   Buona, Giovanna... non stare a sgridarla adesso... infine è venuta per farmi il piacere di una com-
missione. Ti ringrazio, figliola... come ti chiami tu,
che mi sembra di conoscerti?

MADDALENA   Io sono la Maddalena.

MARIA   Maddalena? Quale? Quella...

GIOVANNA   Sí, è lei... la cortigiana. Andiamo via, Maria, andiamo a casa, che è meglio che non ci facciamo vedere con gente simile, che non sta bene.

MADDALENA   Ma io non faccio piú il mestiere.

MARIA   Ah, par quel ag disen: stregonaso?

ZOANA   Sí, par quel... ma no femo tardi, Maria... 'ndem a
casa che no le son robe da vedar quele, che ag pod süce-
degh de catarse ol malogio.

MARIA   A gh'è una crose che la sponta de sora e teste de
la zente! E altre doe crose che spunta adeso!

ZOANA   Sí, st'altre a son de doe ladroni...

MARIA   Povra zente... i vano a 'ncrosare tüti e trie... Chi
ol sa la mama de lori! E magara le, pora dona, no lo sa
gnanca che i è drie a masarghe ol so fiol de le.

Sopraggiunge correndo la Maddalena.

MADDALENA   Maria! Oh Maria... ol vostro fiol Jesus...

ZOANA   Ma sí, ma sí, ol gh'sa de già le... (A parte) State
cito... 'sgrasiada.

MARIA   Cos' l'è che so de già mi?... 's l'è capitat al me
fiol?

ZOANA   Nagota... cos'ag dovaría eserghe capitat, o santa
dona? A gh'è dumà che... Ah, no t'avevi dit? Ohj che
'smentegada che sont... m'era gnid via d' la testa de 'vi-
sarte che lü, ol to fiol, m'aveva dit che no el vegnarà a
casa a magnar a mezdí, che ol g'ha de 'ndare sü la montagna a cuntar parabule.

MARIA   A l'è quest che set gnüda a dirme anc'ti?

MADDALENA   Sí, quest, Madona.

MARIA   Oh, ol sia rengraziad ol Segnore... ti eri rivada
tanto de corsa... cara fiola... che mi n'evi catat un stremizi de quei... me s'evi già figürat no so miga quale desgrazia... Come semo stüpide de volte noaltre mame!
Ag femo preoccupade par nagota!

ZOANA   Sí, ma anco le, sta balenga, che la 'riva correndo
scalmanada par 'gní a darte ol nunzi de ste bagatele...

MARIA   Bona, Zoana... no starghe a criar adeso... a l'infine
l'è gniuda par farme un plazer d'una comission... At ren-
grazi, fiola... come ad ciamat ti, che mi am pare de co-
gnosarte?

MADDALENA   Mi sont la Madalena...

MARIA   Madalena? La qual? Quela...

ZOANA   Sí, a l'è le... la cortizana. 'Ndem via, Maria, 'ndem
a casa... co l'è mejor, che no ghe femo vedar con zente
compagn... no 'l sta ben.

MADDALENA   Ma mi no fago pü ol mester.

GIOVANNA   Sarà perché non trovi piú sporcaccioni da
    prendere... ma va' via, svergognata.

MARIA   No, non cacciarla, povera figliola... se il mio
    caro Gesú se la tiene in tanta fiducia da mandarla
    a me per farmi delle commissioni è segno che ades-
    so ha messo giudizio, vero?

MADDALENA   Sí, faccio giudizio adesso.

GIOVANNA   Vai a crederle... la questione è che tuo
    figlio è troppo buono, si lascia prender dalla com-
    passione e lo fregano tutti! Ha sempre attorno un
    mucchio di poltroni, gente senza lavoro né arte,
    morti di fame, disgraziati e puttane... uguali a
    quella!

MARIA   Parli da cattiva tu, Giovanna! Lui, il mio
    figlio, dice sempre che è per loro, sopra ogni cosa
    per loro, sbandati e sperduti, che è venuto a que-
    sto mondo, per dargli la speranza.

GIOVANNA   D'accordo, ma non capisci che in questa
    maniera non fa un bel vedere? Si fa parlar dietro...
    con tutta la gente bene allevata che c'è in città:
    i cavalieri e le loro dame, i dottori, i signori... che
    lui con il suo fare gentile, sapiente ed erudito, si
    troverebbe subito nella loro manica e avrebbe ono-
    ri, farsi aiutare se ne avesse bisogno. No, sacripan-
    te: va a mettersi con i pidocchiosi villani! E contro
    a quelli!

MARIA   Ascoltate come gridano, e ridono... ma non
    si vedono le croci.

GIOVANNA   A parte che potrebbe fare a meno di spar-
    lar sempre dei preti e dei prelati... quelli non la
    perdonano a nessuno!

MARIA   Ecco di nuovo le tre croci...

GIOVANNA   Quelli, un giorno gliela faranno pagare...
    gli faranno del male!

MARIA   Far del male a mio figlio? E perché, che è
    cosí buono... non fa che del bene a tutti, anche a
    quelli che non glielo domandano! E tutti gli vo-
    gliono bene! Sentite... stanno sghignazzando di nuo-
    vo... uno di quelli deve essere caduto per terra...
    Tutti vogliono bene a mio figlio... non è vero?

MADDALENA   Sí, anch'io gli voglio tanto bene!

GIOVANNA   Oh lo conosciamo tutti, che ispirato bene
    gli vuoi tu, al suo figlio della Maria!

MADDALENA   Io non ho un amore uguale che per un
    fratello, per lui! Adesso...

GIOVANNA   Adesso... perché prima, dunque...?

MARIA   Giovanna, smettila infine di tormentarla, que-
    sta figliola... Cosa ti ha fatto?... Non vedi com'è
    mortificata? Com'è che gridano tanto? E anche se
    fosse che lei, questa giovane, abbia a tenere un

ZOANA   Ol sarà perché no ti trovi plu smorbiosi de catar...
Va', desvergognada.

MARIA   No, no descasarla... povra fiola... se ol me car Jesus s'la tegne in tanta fiducia de mandam'la a mi a fam
di cumision, l'è segn che ades la fa giüdizi... vera?

MADDALENA   Sí, a fag giüdizi ades.

ZOANA   Vag a crederghe... la question l'è che ol to fiol de
ti a l'è tropo bono, as lasa catare d' la compasion e ol
freghen toeti! Ol g'ha sempre d'intorna un müogio de
poltro'... zente senza laoro ni arte, morti de fame; desgrasiò e putane, compagn a quela!

MARIA   At parlet de cativa ti, Zoana... lü, ol me fiol, ol
dise sempre co l'è par loro, sovra 'gni cosa par lori, sban-
dati e sperdüi, che o l'è gnudo a sto mundo a darghe la
speranza.

ZOANA   D'acordi, ma at cumprendi che a sta manera no ol
fa un bel vardà... ol se fa parlar a dre'... Con tuta la zente de bon-levada co gh'è in città; i cavajeri e soi dame, i
dotori e i siori... che lü cont'ol so fare zentile savente e
'rudito a s'truaría de sübet in t'la manega e averghe ono-
ri, farse aidare se ol g'avese besogn. No, cripante: ol va
a meterse co i piogiat vilan! E de contra a quei!

MARIA   Scoltí come i vosa, e i ride... ma no se vede e
crose!

ZOANA   A parte che ol podría farghe a men de sparlarghe
sempre a dre' ai prevet e a i prelat... che quei no gh'la
perdonano a niuno.

MARIA   Eco de novo e tre crose...

ZOANA   Quei un dí a g'la faran pagare! Ag faran d'ol male!

MARIA   Fag d'ol male al me fiol? E parché, co l'è sí bon...
no ol fa che d'ol ben a tüti, anco a quei che no ghe do-
manda! E tuti i ghe vol ben! Sentit... i son dre' a sghi-
gnasar de novo... un de quei ol dua es borlad per tera...
Tüti ghe vol ben al me fiol... no a l'è vera?

MADDALENA   Sí, anco mi ag voi tanto ben!

ZOANA   O, ol sconoscemo tüti che spirato ben at voi ti al
so fiol de la Maria!

MADDALENA   Mi ne g'ho un amore compagn che par on
fradel par lü! Adeso...

ZOANA   Adeso... parché prima donca...?

MARIA   Zoana, daghe un taio infina de intormentarla sta
fiola... cos'l'ha t'ha fait... no ti vedi co l'è smortificada...
com l'è che cria tanto... E anco ol füdese che lè, sta zoina,

amore per lui, di quello che le donne normali hanno
per gli uomini che gli piacciono... Bene? non è forse un uomo mio figlio, oltre che essere Dio? Da
uomo ha gli occhi, le mani, i piedi... e tutto da uomo, finanche i dolori e l'allegria! Dunque toccherà
a lui, a mio figlio, decidere... che saprà bene lui cosa fare, quando verrà il suo momento, se lui vorrà
prendersela una sposa. Per me, quella che lui sce-
glierà, io le vorrò bene come se fosse una mia figliola. E ci spero tanto che venga presto, quel giorno...
che ormai ha compiuto trentatre anni, ed è ora che
metta su famiglia... Oh che brutto gridare che fanno là in fondo... E come è nera, questa croce! Tanto mi piacerebbe averci per casa dei bambini suoi
di lui... da far giocare, cullarli... che io ne conosco
tante di canzoni da culla... e dar loro i vizi... e rac-
contar loro favole, di quelle belle favole che fini-
scono sempre bene, e in giocondità!

GIOVANNA   Sí, ma adesso basta di stare a sognare, Maria... Andiamo, che di questo passo non mangiamo
piú nemmeno a sera.

MARIA   Non ho fame, io... non ne scopro la ragione...
Ma mi è venuta addosso una stretta di stomaco...
Bisogna proprio che vada a vedere cos'è che suc-
cede, là in fondo.

GIOVANNA   No, non vai!... che sono cose, quelle, che
fanno tristezza. Ti porteranno uno strappacuore per
tutto il giorno. Tuo figlio non sarà contento. Può
essere che, in questo momento, lui sia già in casa
e che ci aspetti... che lui ha fame.

MARIA   Ma se mi ha mandato a dire che lui non verrà!

GIOVANNA   Lui può avere avuto un ripensamento. Lo
sai come sono i figli. Quando li aspetti a casa non
tornano... e ritornano quando non li aspetti mica!
E bisogna essere sempre pronte, col mangiare sul
fuoco.

MARIA   Sí, hai ragione... andiamo. Vuoi venire anche
tu, Maddalena, a mangiare una scodella?

MADDALENA   Ben volentieri, se non vi do fastidio...

Sul fondo passa la Veronica.

MARIA   Cos'è capitato a quella donna, che ha un tovagliolo tutto insanguinato? Oh buona donna, vi siete fatta male?

VERONICA   No, mica io... ma uno di quei condannati
che hanno messo sotto la croce, quello al quale gridano stregone... e che non è stregone, ma santo!...

la aga a tegner un amor par lü de quei che e done de
normale a gh'han par i omeni, che ghe piase... bon? No
a l'è omo sforse ol m'è fiol, oltra che ves Deo? De omo
ol g'ha i ogi, le man, i pie... e tüto de omo... financo i
dulori e l'alegresa!

Donca ag tocherà a lü, ol me fiol, a decid... co ol savrà
ben lü se fa, quando gnirà ol so mument, se ol vorerà
torsela una sposa. Par mi, quela che lü ol scernerà, mi
ag vurarò ben 'me füdes la mia fiola... E ag speri tanto
ca vegna prest quel dí... che ormai ol g'ha compit tren-
tatrí ani... e l'è ora che ol meta sü famegia... Oh che brüt
crià che fan là in funda... e com l'è nera sta croze.

Tanto me plazería averghe per casa di bambin so' de lü,
de far ziogare, ninar... che mi ne so tante canzon de cu-
na... e darghe i vizi... e contarghe fabole, de quele bele
fabole che i finisce sempre bene... e in zocondia!

ZOANA   Sí, ma adeso basta de starte a insognare, Maria...
andemo che da sta banda, no magnemo pü nemanco a
sira...

MARIA   No g'ho fame a mi... no ghe descovro la reson...
ma m'è gnit a doso un strencio de stomego... bisogna
proprio che vaghi a vedar cos' l'è ca va, a là in funda.

ZOANA   No, no te vaghi!... che a sont robe quele co e fano
intrestizia e at menaran un s'ciopamagon par tüto ol
ziorno. Ol to fiol no ol sarà contento... pò es che in stu
momento ol sebia già in la casa e che a te specia... che ol
g'ha fame.

MARIA   Ma se ol m'ha mandà a dire che no 'l vegnarà!

ZOANA   Ol pò averghe üt on respensamente. At set com'è
i fioli. Quando te i speci a casa no i torna... e i retorna
quando no i speci miga! E bisogna ves sempre a pronta
cont ol magnar al fogo.

MARIA   Sí, ti g'ha reson... andemo... At voret 'gní anco ti
Madalena, a magnarne una scudela?

MADDALENA   Bon voluntera, se no v' dag infesciament...

Sul fondo passa la Veronica.

MARIA   Cos' l'è capitat a quela dona... co la g'ha un mantin tuto insenguinat? Ohj bona dona... av set fada male?

VERONICA   No, miga mi... ma un de quei cundanat che
g'han metüo de soto a la crose, lo quelo co a ghe críeno
stregonaso... e che no l'è stregon, ma santo!... Santo de

Santo di sicuro, che lo si capisce dagli occhi dolci che tiene... gli ho asciugato la faccia insanguinata...

MARIA   Oh donna pietosa...

VERONICA   ...con questo tovagliolo, e ne è sortito un miracolo... lui mi ha lasciato l'impronta della sua figura, che sembra un ritratto.

MARIA   Fammelo vedere.

GIOVANNA   Non essere curiosa, Maria, che non sta bene.

MARIA   Non sono curiosa... sento che devo vederlo.

VERONICA   D'accordo, te lo faccio vedere, ma prima segnati col segno della croce... ecco, è il figlio di Dio!

MARIA   Il mio figlio! Oh, è il mio figlio, di me! (*Corre disperata verso l'esterno*).

GIOVANNA   Cosa hai fatto... benedetta donna!

VERONICA   Ma io non credevo che fosse la sua mamma... di quello!

seguro, che ol se capisce da i ogi dolzi ch'ol tene. A g'ho
sugad la facia insanguagnenta...

MARIA   Oh dona pitosa...

VERONICA   ...con sto mantin e gh' n'è sortit on miracol...
ol m'ha lasad l'emprunta d'la soa figura, che ol pare un
ritrat:

MARIA   Fam'lo vedar.

ZOANA   No ves curiosa, Maria, che n'ol sta ben.

MARIA   No sont curiosa... a senti ch'ol devi vedel.

VERONICA   D'acordi, at lo fago vedar, ma in prima segnat
con-t'ol segn de la crose... eco, a l'è ol fiol de Deo!

MARIA   Ol me fiol... ah... a l'è me fiol de mi! (*Corre disperata verso l'esterno*).

ZOANA   Co t'è fat... benedeta dona!

VERONICA   Ma mi no credevi ch'a füs la sua mama... de
quel!

In scena il matto, soldati e quattro crociatori. Si stende un lenzuolo dietro al quale Gesú viene fatto spogliare.

MATTO   Donne! Ehi donne innamorate di Cristo, venite a lucidarvi gli occhi... venite a vederlo bello nudo che si spoglia, il vostro innamorato... due palanche per un'occhiata, venite donne! Oh, è cosí bello da comprarlo! Dicono che era il figlio di Dio: a me sembra che sia uguale a un altro uomo, uguale in tutto!... Due palanche, donne, per guardarlo! Non c'è nessuna che ha voglia di prendersi questa soddisfazione per due palanche? Bene, è giorno di festa oggi... mi voglio rovinare... Vieni qui tu, che te lo farò vedere gratis... o che smorfiosa... vieni qua! Non perdere questa occasione... non sei tu quella, la Maddalena tanto innamorata di lui che, non trovando né mantello né salvietta per asciugargli i piedi, glieli ha asciugati con i capelli? Bene, peggio per voi: che adesso, per legge, dovremo coprirlo, coprirlo sul posto del peccato... con un grembiulino, da farlo assomigliare a una ballerina!
È pronto il capo dei comici? Tira su il telone che andremo ad incominciare lo spettacolo! Scena prima: il figlio di Dio, gran cavaliere con la corona, monta a cavallo... un bel cavallo di legno, per andare intorno in giostra! E per fare che non cada a terra l'inchioderemo sulla sella... mani e piedi!

CAPO DEI CROCIATORI   Smettila di fare il pagliaccio e vieni qui a darci una mano... attaccagli una corda ai polsi, una per parte, cosí si allunga per bene... ma lasciatemi libere le palme, che si possano infilzargli i chiodi. Io ci picchierò su questa di destra, e...

PRIMO CROCIATORE   E io quest'altra. Buttatemi un chiodo che il martello ce l'ho di mio (io).

GIOCO DEL MATTO SOTTO LA CROCE

In scena il matto, soldati e quattro crociatori. Si stende un lenzuolo dietro al quale Gesú viene fatto spogliare.

MATTO   Done! Ehj done inamorate d'ol Crist, gnit a lu-
strarve i ogi... gnit a videl belo snudo ch'ol se sbiota, ol
vostro moroso... doi palanchi par sguardada, ehnit done... Oh che l'è belo de catà! A disíu che a l'era ol fiol de
Deo: mi am pares col sebia igual a un altro omo, par
tüto cumpagn!... Doi palanchi, done, par sguardal!
Ag n'è niuna ch'as voia tor sto sfizi par doi palanchi?
Bon, l'è dí de festa incoe... am voi ruinarme... Vegn chi
te, ch'at ol fagarò vidè a gratis... ohi che smorbia... vegn
scià! No perd st'ocasion... no ti è ti quela, la Madalena
tanto inamorusa de lü che, no truand mantin ni salvieta
par sugarghe i pie, ti g' li ha sügad con i to cavei? Bon,
peg par vui: che ades, par lege, a duarem cuarcial co-
verto in s'ul pecat... con t'un scusarin c'ol somegiarà a
'na balerina!
L'è a l'ordin ol cap di comichi? Tira su ol telun che andarem a incomenzare ol spectacol: scena prima: ol fiol
de Deo, gran cavajer cont la corona, ol monta a cavalo...
un bel cavalot de legn par andà a torneo in giostra. E,
par fà che n'ol borla in tera, a l'inciodarem sora la sela...
man e pie!

CAPO DEI CROCIATORI   Móchela de fà ol paiaso e egn chí a
dag 'na man... tachèghe 'na corda ai pols, vün par part,
c'ol se slonga de polito... ma laseme sgumbrat e palme,
ch'as poda filzaghe i ciodi. Mi ag picarò in questa de
drita, e...

PRIMO CROCIATORE   E mi in 'st'oltra. Büteme un ciodo,
che ol martel a g'l'ho del me.

SECONDO CROCIATORE Oh che chiodaccio! Scommet-
tiamo che in sette martellate lo picchio dentro
tutto?

PRIMO CROCIATORE E io ce la farei in sei, vuoi scommettere?

SECONDO CROCIATORE D'accordo. Forza, allargatevi
voi due che mettiamo le ali a questo angioletto (cosí) che possa volare come Icaro in cielo.

TERZO CROCIATORE Tiriamo insieme... insieme, ho
detto... me lo rovesciate, piano che deve restare in
mezzo alla sella, il cavaliere... un po' verso di me...
bene, sono sul segno, proprio sul buco.

SECONDO CROCIATORE Io non ci sono mica, hai fatto
i buchi troppo distanti... tira tu... forza... hai mangiato il formaggio a mezzogiorno? Forza!

PRIMO CROCIATORE Sí, forza, ma va a finire che gli
romperemo i legamenti delle spalle e dei gomiti.

TERZO CROCIATORE Non ti preoccupare, non sono mica i tuoi i legamenti, tira! Eh! Eh forza!

Lamento di Gesú, contrappunto lamentoso delle
donne.

PRIMO CROCIATORE Ohi, avete sentito lo schianto?

SECONDO CROCIATORE Sí, non è stato bello... è stato
uno schiocco che mi fa scricchiolare le ossa... in
cambio, si è giusto allungato di misura: adesso ci
sono anch'io sopra il buco.

PRIMO CROCIATORE Bene, tenete in tiro la corda; e tu
alza il martello, che partiamo insieme.

SECONDO CROCIATORE Stai attento a non picchiarti le
dita.

Risate degli altri.

TERZO CROCIATORE Allarga questo zampino che non
ti faccio il solletico, te l'assicuro... oh, tu guarda
questa mano, come ha segnata la linea della vita: è
un segno tanto lungo che sembrerebbe che avesse
il destino di campare ancora cinquant'anni almeno,
questo cavaliere! Vai a credere alle balle delle streghe tu!

SECONDO CROCIATORE Ferma la lingua e alza il martello.

PRIMO CROCIATORE Io sono pronto.

TERZO CROCIATORE Dagli allora... diamogli il primo
colpo... (*Tonfo*). Ohioa ahh! a bucare le palme!

CAPO DEI CROCIATORI (*contrappunto dell'urlo di Cristo*) Ohoo, trema dappertutto. State calmi! Dagli
col secondo tempo... Ohaoioaohh! Ad allargare le
ossa!

SECONDO CROCIATORE   Ohi che ciodasc! A scumeti che in
     sete martelade ol pichi dentar tuto?
PRIMO CROCIATORE   E mi an farò in sese, at voi scumet?
SECONDO CROCIATORE   D'acordi. Forza, slarghive vui doi
     che ag' metum le ale a st'angiuloto, ch'al g'abia a volar
     'me l'Icaro in d'ol ziel.
TERZO CROCIATORE   Trajem insema... insema ho dit... a
     m' lo stravachí pian c'ol dev restà in d'ol mez d'la sela,
     ol cavajer... un poc püsè a mi... bon, ag son al segn...
     propi in d'ol boegio.
SECONDO CROCIATORE   Mi no ag son miga, hait fait i boegi
     trop destanti... rüsa ti... forza... t'è magnà la furmagela
     a sto mesdí? Sforza!
PRIMO CROCIATORE   Sí, sforza, va a forní che ag sciunca-
     rem i ligaduri de e spale e d'li gumbet.
TERZO CROCIATORE   Ti no te casciare, che no e miga toe
     le ligadure! Rüsa! Eh eh, sforza!

     Lamento di Gesú, contrappunto lamentoso delle donne.

PRIMO CROCIATORE   Ohj, hait sentit ol s'cepp?
SECONDO CROCIATORE   Sí, no l'è stait bel... a l'è un s'ciocc
     col me fa sgrigní i osi... de contra, ol s'è giüsta slongad
     de misura: ades ag sont anc mi sora al boegio.
PRIMO CROCIATORE   Bon, tegnit in tir la corda; e ti valza
     ol martel che a partisum insembia.
SECONDO CROCIATORE   Stag atento a mica picarte i didi!

     Risata degli altri.

TERZO CROCIATORE   Slarga sto sciampín che no te fag ga-
     lítigo, at seguri!... oh ti varda sta man, come la g'ha im-
     pruntat ol rigo de la vita!... a l'è un segn tant longo che
     ol parese eghe ol destin de campar anc'mo sinquant'ani
     almanco, sto cavajer! Vag a crederghe a le bagole de 'e
     strolighe, a ti!
SECONDO CROCIATORE   Stopa sta lengua e valza ol martel...
PRIMO CROCIATORE   Son prunt a mi.
TERZO CROCIATORE   Daighe alora... Daaighee d'ol prem
     bot... (*Tonfo*). Ohioa ahh! che a sbusa i palmi!
CAPO DEI CROCIATORI (*contrappunto dell'urlo di Cristo*)
     Ohoo, ol tremba da par tüt. Stí calmi. Daaghee d'ol se-
     gund bot... ohaoioaohh! a slargà i osi!

Ohoh e gli sputa sangue a fiotti.
                Dagli il terzo colpo,   ohahiohoh
                questo chiodo t'ha sverginato.
Ohoh e le donne non le ha mai forzate.
                Il quarto te lo regalano i soldati   ohahiohoh
                che gli hai detto di non ammazzare
                                                      ohahiohoh
                e i nemici come fratelli dovrebbero amare.
                Il quinto te lo mandano i vescovi della sina-
                                                 goga   ohahiohoh
                che gli hai detto che son falsi e maledetti
                                                      ohahiohoh
                e che i tuoi saranno tutti umili e poveretti.
                                                      ohahiohoh
                Il sesto è il regalo dei signori   ohahiohoh
                che gli hai detto che non andranno in cielo
                                                      ohahiohoh
                e gli hai fatto l'esempio del cammello.
                Il settimo te lo picchian gli impostori
                                                      ohahiohoh
                che gli hai detto che non conta niente se pre-
                                                  gano   ohahiohoh
                che sono buoni di fregare i minchioni in terra
                ma il Signore, quello non lo si frega.

PRIMO CROCIATORE   Ho vinto io. Dovrai pagarmi da
    bere, ricordatelo.

SECONDO CROCIATORE   Berremo alla salute di questo
    cavaliere, e alla sua sfortuna! Come vi trovate, mae-
    stà? Ve lo sentite ben saldo nelle mani questo de-
    striere? Bene, allora adesso andremo in giostra, sen-
    za lancia e senza scudo!

CAPO DEI CROCIATORI   Avete slacciato la corda dai pol-
    si? Bravi i miei baroni... stringete ben chiusa que-
    sta cinghia attorno alle spalle, che non debba ca-
    derci addosso nel tirarlo in piedi, questo campione!
    Appresso, una volta inchiodati i piedi, glielo to-
    glieremo...

SECONDO CROCIATORE   Venite tutti qui... sputatevi sul-
    le mani che abbiamo da raddrizzare l'albero della
    cuccagna! Voi venite avanti con le corde e fatele
    passare sopra l'asse trasversale... vieni qui anche tu,
    Matazone: sali in cima alla scala, pronto a tenerlo.

MATTO   Mi dispiace ma io non posso aiutarvi: non
    mi ha fatto niente, quello.

SECONDO CROCIATORE   O balengo... ma nemmeno a
    noialtri non ha fatto niente: l'abbiamo giusto cro-
    cifisso per passatempo, ah, ah, e ci hanno dato per-
    dipiú dieci palanche a testa per il disturbo... Dài,

Ohoh ag spüda ol sangu a gnochi.
    Daighe ol terzo boto,   ohahiohoh
    sto ciod t'ha sverzenat.
Ohoh che e done no ti g'ha dimai sforzat.
    El quarto t'ol regala i soldat   ohahiohoh
    che ti g'hait dit de no masare   ohahiohoh
    e i nemisi 'me fradeli i dovaría amare.
    Ol quinto t'ol manda i vescovi d'la senagoga
                              ohahiohoh
    che ti g'hait dit che i sont falzi e malarbeti,
                              ohahiohoh
    che i toi vescovi i sarà tüti umili e povareti.
    Ol sesto l'è ol regalo de i segnori   ohahiohoh
    che ti g'hait dit che i no anderan in zielo
                              ohahiohoh
    e ti g'hait fait l'exemplo del camelo.
    Ol setemo t'ol pica i 'mpostori   ohahiohoh
    che ti g'hait dit che n'ol cunta nagot se i prega
                              ohahiohoh
    che i è boni a fregar mincioni in tera
    ma ol Segnor, quel no'l se frega.

PRIMO CROCIATORE   Hait venciüd me. At duaret pagam de bevar, recordes.

SECONDO CROCIATORE   Ag bevaremo a la santità do sto cavajer e a la soa sfortüna! Come av trouvit, majstà? Av sentit ben saldo in d'i mani, sto destrer? Bon, alora adeso andaremo in giostra, sanza lanza e sanza scudo!

CAPO DEI CROCIATORI   G'hait slazade le corde dai polzi? Bravi i me baroni... strenzeghe ben sarada sta coreza intorna a e spale, che nol debia borlaghe a doso in d'ol tirarlo in pie, sto campion! Daspò, na volta inciodad i pie a g'la toiaremo...

SECONDO CROCIATORE   'Gní chi toeti... spüeve in t'i mani che a gh'em de 'ndrisar l'arbor de la cucagna! Vialtri 'gní inanze co e corde e fele pasar de soravía a la traversa de tranzet... Vegn scià anca ti, Matazon: monta in co' a la scala, pront a tegnil.

MATTO   Me dispiase ma mi no podi aidarve: che n'ol me g'ha fait nagot a mi, quelo...

SECONDO CROCIATORE   O balengo! ma nemanco a nojaltri ol ne g'ha fait nagot... a l'em giüsta incrusat par pasatem, ah ah, e g'han dait de giünta dese palanche a testa

dacci una mano, che dopo ti faremo l'onore di giocare una partita a dadi con te.

MATTO   A beh, se è per una partita non mi tiro mica
indietro! Sono già sulla scala, guarda... potete incominciare!

PRIMO CROCIATORE   Bravo! Siamo a posto tutti? Andiamo allora... Tiriamo insieme, mi raccomando,
uno strappo lungo alla volta: vi do il tempo.

    Ohi issiamo   Ehiee
        questo pennone di nave   ohoho
        per far da bandiera   ohoho
        gli abbiamo attaccato un matto.   ohoho
    Ohi issiamo   Ehiee
        questo palo da festa   ohoho
        cuccagna grossa   ohoho
        Gesú Cristo in coffa.   ohoho
    Ohi che cuccagna   Ahaaa
        che buca il cielo   ohoho
        ci piove sangue   ohoho
        il padre nostro piange.   ohoho
        Rallegratevi, rallegratevi   oheee
        che abbiamo trovato quel bravo   ohoho
        che si è fatto schiavo   ohoho
        per vestirci di nuovo.   ohoho

Alt, è abbastanza: mi sembra che sia ben saldo. Bene, tira fuori i dadi che facciamo una giocata.

Il matto giocando a dadi e a tarocchi ha vinto la tunica di Cristo e la paga dei crociatori.

MATTO   Se volete indietro tutti i vostri soldi io ve li
lascio volèntieri, compresa la collana, gli orecchini,
l'anello... e guarda, ci aggiungo anche questo.

PRIMO CROCIATORE   E per tutta questa roba cosa vorresti in cambio?

MATTO   Quello là...

SECONDO CROCIATORE   Il Cristo?

MATTO   Sí, voglio che me lo lasciate staccare dalla
croce.

CAPO DEI CROCIATORI   Bene: aspetta che muoia ed è
tuo...

MATTO   No, lo voglio adesso che è ancora vivo.

PRIMO CROCIATORE   Oh matto di tutti i matti... vorresti che per giunta finissimo tutti noi quattro al
suo posto?

MATTO   No, non aver paura che non vi capiterà nien-

par ol desturbo... dài, daghe una man che après at fem
l'onur de giügarghe 'na partida a dadi cun ti...

MATTO   Ah bon, se a l'è par 'na partida no me tiri miga
indré! Sont già su la scala, varda... a podí scomenzà!

PRIMO CROCIATORE   Brao! Sem a l'orden toti...? 'ndem
alora, rüzem insema, me aricomandi... un strep longo a
la volta. Av dag ol temp:

Ohj izaremo	Ehiee
sto penon de nave	ohoho
par fag de drapo	ohoho
gh'em tacad un mato.	ohoho
Ohj izaremo	Ehiee
sto palon de festa	ohoho
cucagna grosa	ohoho
Gesú Cristo in cofa.	ohoho
Ohi che cucagna	Ahaa
che la sbusa ol cielo	ohoho
ag piove sangue	ohoho
patre nostro ol plange.	ohoho
Legríve, legríve	Ehee
ch'em trovat chelo bravo	ohoho
c'ol s'è fat s'ciavo	ohoho
par vestirghe da novo.	ohoho

Loeu, a l'è asè; me par che ol stevia ben franco. Bon...
alora tra' foera i dadi che fem sta ziogada.

Il matto giocando ai dadi e a tarocchi ha vinto la tunica
di Cristo e le paghe dei «crociatori».

MATTO   Oh se vorsít toti indré i vost palanchi, mi a ve i
lasi de voluntera, cumpres la culana i uregit, l'anelo... e
varda, ag tachi anc'mo quest.

PRIMO CROCIATORE   E par tüta sta roba cus te vorareset
in scambi?

MATTO   Quel là...

SECONDO CROCIATORE   Ol Cristo?

MATTO   Sí, voeri che m'ol lasí stacal via de la crose.

CAPO DEI CROCIATORI   Bon: pecia c'ol meura e a l'è to...

MATTO   No, mi ol voeri ades che l'è anc'mo vivo.

PRIMO CROCIATORE   Oh mat de tüti i mati... at voreste
che de contra a gh'abium de sfurní inciodat tuti nünc
e quatar al so rempiaz?

MATTO   No, no averghe pagüra, che no av capitarà nagota

te a voi: basterà che attacchiamo un altro al suo
posto, uno della sua misura, e vedrete che non si
accorgerà nessuno dello scambio... tanto sulla croce
ci assomigliamo tutti.

PRIMO CROCIATORE   Questo è anche vero... scorticato
in questa maniera poi, che sembra un pesce in gra-
ticola...

CAPO DEI CROCIATORI   Sarà anche vero, ma io non ci
sto. E poi chi avresti in mente di attaccarci al suo
· posto?

MATTO   Il Giuda!

CAPO DEI CROCIATORI   Il Giuda? Quello...

MATTO   Sí, quel suo apostolo traditore che si è impiccato per disperazione al fico dietro la siepe, cin-
quanta passi da qui.

CAPO DEI CROCIATORI   Muovetevi, di corsa, andiamo
a spogliarlo che avrà ancora in saccoccia i trenta
denari del servizio.

MATTO   No, non state a disturbarvi... che tanto quelli
li ha buttati via subito in mezzo a un rovo di spini.

CAPO DEI CROCIATORI   Come hai fatto a saperlo tu?

MATTO   Lo so perché li ho presi io quei denari, uno
per uno. Guardate qui che braccia graffiate che mi
sono conciato.

CAPO DEI CROCIATORI   Non m'interessano le braccia,
facci vedere questi denari. Ohi, ohi, e tutti d'argento... guarda che belli... come pesano... come suonano...

MATTO   Bene, teneteveli, sono vostri anche quelli, se
ci si mette d'accordo per lo scambio. Per me io sono d'accordo...

CAPO DEI CROCIATORI   Anche noialtri.

MATTO   Bene, allora andate a prendervi subito il Giuda impiccato, che ci penso io a tirar giú il Cristo.

PRIMO CROCIATORE   E se arriva il centurione e ti trova nel bel mezzo dello scrociamento?

MATTO   Gli dirai che è stata una mia pensata, che tanto sono un matto. E che voi non avete nessuna colpa. Ma non state qui a perdere tempo, andate...

CAPO DEI CROCIATORI   Sí, sí... andiamo, e speriamo
che non ci portino sfortuna, questi trenta danari.

MATTO   Bene, è fatta. Non mi par neanche vero! sono
cosí contento... Gesú, tieni duro, che è arrivata la
salvezza... prendo le tenaglie, eccole. Tu non lo
avresti detto, eh Gesú, che sarebbe venuto a sal-
varti proprio un matto... Ah, ah... aspetta che prima ti legherò con questa cinghia, farò in un momento... non aver paura che non ti farò male, ti farò
venir giú dolce come una sposa e poi ti caricherò

a vui: abastarà che ag pícum sü un'olter al so post, vün
de la sua taja, e at vedaret che no s'incorgerà niün d'ol
scambi... che intanto sü la crose a se insomegen tuti.

PRIMO CROCIATORE Quest l'è anco vera... inscurtegat in
sta manera poe, che ol par un pess in gratiroela...

CAPO DEI CROCIATORI Ol sarà vera, ma mi no ghe stago.
E poe, chi ti g'avaríat in ment de tacaghe d'ol rempiaz?

MATTO Ol Giüda!

CAPO DEI CROCIATORI Ol Giüda? Quel...

MATTO Sí, quel so apostul traditor che ol s'è impicat pendüt per disperaziun al figo de drio a la sces, sinquanta
pas de chí.

CAPO DEI CROCIATORI Mueves, de corsa, andem a sbiutal
· che ol g'avarà anc'mo in sacocia i trenta denari d'ol ser-
visi...

MATTO No, no stit a distürbav... che intant quei i ha bü-
tad via de sübet in mez a un rosc de spin.

CAPO DEI CROCIATORI 'Me fait a savel ti?

MATTO Ol sago, imparché i g'ho catat mi quei dinari,
vün par vün. Vardí chí che brasi sgurbiat che am sunt
cunsciat...

CAPO DEI CROCIATORI No m'interesa i brazi... faghe vedè
sti dinari. Ohi ohi, e tüti d'arzenti... va' beli... me i pesa,
e i sona...

MATTO Bon, tegnívei, i è i voster anca queli, se 'gnit d'a-
cordi d'ol scambi. Par mi... mi ag sont d'acordi.

CAPO DEI CROCIATORI Anca nujartri...

MATTO Bon, alora andit de prescia a torve ol Giüda impicat pendüt, che mi ag pensi a tirà de baso ol Crist...

PRIMO CROCIATORE E se ariva ol zentürion e at cata in
d'ol scrusamento?

MATTO Ag dirò che a l'è stat una penzada de mi... che
poe sont un mato. E che vui non gh'avet colpa niuna.
Ma no stit chí a perd ol tempo, andit...

CAPO DEI CROCIATORI Sí, sí... andem, e a sperem che no
ghe porten rogna, sti trenta dinari.

MATTO Bon, a l'è fada. Ohi, me par gnanca vera: sunt
inscí cuntento... Gesú, tegn dur, che a l'è rivad ol salvament... töi e tenaie... ecoe. Ti no l'avareset gimai dit,
ah Gesú, che ol sarese 'gnüd a salvarte impropri un mato... ah ah... pecia che imprima at ligarò con sta coreza,
ag fagarò in un mument... no eghe pagura che no te fagarò mal, at fagarò 'gnir giò dolze 'me na sposa e poe

sulle spalle, che io sono forte come un bue... e via
di volata! Ti porterò giú al fiume: lí ho una bar-
chetta e con quattro palate attraverso il fiume. E
prima che faccia chiaro ci troveremo belli come il
sole a casa di un mio amico stregone che ti medi-
cherà e ti farà guarire in tre giorni. Non vuoi? Non
vuoi lo stregone?! Bene, andremo dal medico degli
unguenti, che è un mio amico fidato anche quello.
Niente: non vuoi che ti schiodi?

Ho capito... hai la convinzione che con questi buchi nelle mani e nei piedi, tutto schiantato nelle le-
gature come t'hanno conciato, tu non sarai piú capace di andare in giro né di imboccarti da solo.
Non vuoi stare al mondo a dipendere dagli altri come un disgraziato? Ho indovinato? Non è neanche
per quello? Oh accidenti... e per quale ragione?
Per il sacrificio? Cosa dici? Cosa? Il salvamento?
La redenzione... Che cosa straparli? Cosa? Oh poveraccio... sfido io... hai la febbre... senti come scot-
ti... bene, ma adesso ti tiro giú, ti copro bene con la
tunica... adesso scusami, se permetti sei un bel te-
stone... non vuoi essere salvato? Vuoi proprio morire su questa croce? Sí? Per la salvezza degli uomini... Oh, questa è da non crederci... e poi dicono
che il matto sono io, ma tu mi batti di mille per-
tiche di lunghezza, caro il mio figlio Gesú! Ed io che
sono stato a scannarmi giocando alle carte tutta la
notte per poi avere questa gran bella soddisfazione... ma sacramento, tu sei il figlio di Dio, no? Io
lo so bene, correggimi se sbaglio: bene, dal momento che tu sei Dio, tu lo sai bene il risultato che avrà
il tuo sacrificio di crepare crocifisso... Io non sono
Dio e neppure profeta: ma me l'ha raccontato la
smortina questa notte, tra le lacrime, come andrà
a finire.

Dapprima ti faranno diventare tutto dorato, tutto
d'oro, dalla testa fino ai piedi, poi questi chiodi di
ferro te li faranno tutti d'argento, le lacrime diven-
teranno pezzetti lucenti di diamante, il sangue che
ti sgocciola dappertutto lo scambieranno con una
sfilza di rubini luccicanti e tutto questo a te, che ti
sei sgolato a parlar loro della povertà.

Per giunta questa tua croce dolorosa la pianteranno
dappertutto: sopra gli scudi, sulle bandiere da
guerra, sulle spade, per uccidere gente come fossero vitelli, uccidere nel tuo nome, tu che hai gridato
che siamo tutti fratelli, che non si deve ammazzare.
Hai già avuto un Giuda? Bene, ne avrai tanti co-

at cargarò in le spale, che a mi a sont fort me un boe...
e via de vulada! At porterò giò al fiüm, che lí a g'ho un
barchet, e cont quater paladi ol traversum ol fiüm... E
prima che vegna ciaro as truerem beli me ol zol a casa
d'un me amiso stregon c'ol te medegarà e at fagarà guarí
in trí die. No ti voeret? No ti voeret ol stregon...? Bon,
andarem da ol medego onguentari, co a l'è un me amigo
fidat anca quelo de mi. Ne manco quelo? Se te voeret
alora? Nagot... no at voeret miga che at s'ciodi?
Ho capit... at g'hait la convinziun che con sti boeci in di
mani e in di pie, tüt ins'cincà 'n di ligadür 'me t'han
cunsciat, no ti serà pí capaz de andà intorna, ni de im-
bucat de par zol. No ti vol star al mundo a dipend da i
olter 'me un disgraziad? G'ho indovinat? No l'è nemanco par quelo? O sacrabiot... e par qual razon donca!
P'ol sacrifizi? Se te diset cos'è? Ol salvamento? La re-
denzion... cos te straparlet cosa? O poveraz!... asfído
mi... at g'hait la fever... sent 'me te bujet...
Bon, ma ades at tiri giò, at quarci ben con la tonega...
chí, perdonam se am permeti, ma at set un bel teston...
a vores miga es sarvat? At voeret propri murir su ste
trave? sí...? Par ol salvament di omeni... Oh, questa a
l'è de no credarghe!... e poe a i disen che ol mato a son
mi... ma ti am bati de mila pertighe a vantagio, caro ol
me fiol Gesú! E mi che a sont stait a scanam a ziogar a
e carte tüta la note par poe averghe sta gran bela satisfa-
zion! Ma sacragnon, ti at set ol fiol de Deo, no? Mi al
cognosci ben, fam la corezion se a sgaro: ben, donca,
d'ol mument che ti è Deo t'ol savaret ben ol resultat
che ol gavarà daspò sto to sacrifizi de crepare incrusat...
Mi no son deo e nemanco profeta: ma m'l'ha cuntad la
smortina sta note, in fra i lagrem, 'me ol 'gnirà a furní.
In prima at fagarano 'gnir tüto indurat, tüto d'oro, dal
có fino ai pie, daspò sti ciodi de fero i t'ei fagarano tuti
d'arzento, i lagrem egnarano tocheti sluzenti de diamante, ol sangu che at gota de par tüto ol s'ciambierano cont
una sfilza di rubini sbarlüscenti, e tüto quest a ti, che
t'hait sgulat a parlag d' la povertà.
De giünta sta tua croze dulurosa e la picheran in da par
tüto: sora ai scudi, sü e bandere de guera... sü e spade
a copar zente, 'me i fudes videli... a copare parfin in d'ol
nome de ti... ti, che t'hait criat che a semo toti fradeli,
che a no se deve masare. Ti g'hait üt un Giüda giamò?

me formiche di Giuda, a tradirti, ad adoperarti per
incastrare i coglioni!
Dammi retta, non vale la pena...
Eh? Non saranno tutti traditori? Bene, fammi qualche nome: Francesco il beato... e poi il Nicola... san
Michele taglia mantello... Domenico... Caterina e
Chiara... e poi... d'accordo, mettiamoci anche questi: ma saranno sempre quattro gatti in confronto
al numero dei malnati... e anche quei quattro gatti
li tratteranno un'altra volta nello stesso modo che
hanno fatto con te, dopo che li hanno perseguitati
da vivi. Ripeti, scusa, che questa non l'ho capita.
Anche se ce ne fosse uno solo... sí, anche un uomo
soltanto in tutta la terra degno di essere salvato,
perché è un giusto, il tuo sacrificio non sarà fatto per
niente... Oh no: allora sei proprio il capo dei matti... sei un manicomio completo! La sola volta che
mi sei piaciuto, Gesú, è stata la volta che sei arrivato in chiesa mentre facevano mercato e hai cominciato a menare tutti col bastone. Ohi che bel
vedere... quello era il tuo mestiere... mica crepare
in croce per la salvezza! Oh Signore Signore... mi
viene da piangere... ma non crederci, piango d'arrabbiato.

CAPO DEI CROCIATORI   O Matazone, disgraziato... non
l'hai ancora tirato giú quello? Cosa hai fatto fin
adesso, hai dormito?

MATTO   No che non ho dormito, ho avuto solo un
ripensamento... non voglio schiodarlo piú questo
Cristo, è meglio che resti in croce.

CAPO DEI CROCIATORI   Oh bravo! e magari adesso vorresti indietro tutti gli ori e i denari... Ohi che furbastro! Ci hai mandati a fare i facchini, a prenderti
questo Giuda impiccato, soltanto per farti una risata? No, caro Matazone! Se tu vuoi indietro la tua
roba, te la dovrai vincere di nuovo ai tarocchi! Solo a questa condizione.

MATTO   No, io non ho voglia di giocare, tenetevi pure
tutto... denari, ori, orecchini, perché io non giophe-
rò mai piú in questa vita. Ho vinto per la prima
volta questa notte, e mi è bastato... Anche per un
uomo solo che ne sia degno vale la pena di morire
in croce! Oh se è matto... è matto, il figlio di Dio!
Bastonare, bastonare tutti, tutti quelli che fanno
mercato in chiesa, ladri, truffoni, impostori e fur-
bacchioni. Fuori, bastonare! Bastonare!

Bon, ti n'agarà tanti 'me furmighe, de Giüda, a traírte
e a duvrarte par impagnutà i cojoni!
Dam a tra'... no val la pena...
Eh? No saran tüti traiuri? Bon, fam inqualche nom:
Franzesco ol beat... e poe ol Nicola... san Michel taja
mantel... Domenic... Catarina e Clara... e poe... d'acor-
do, metémeg anca questi: ma i saran semper quater gatt
in cunfrunta al nümer di malnat... e anco quei quater
gatt i se trovaran n'altra voelta compagni che i t'han fait
a ti, dopo che i g'avaran schischiadi de vivi. Ripet, scusa, che questa no la g'ho capida... Anca se an füdese vün
zol... si anca un omo dumà in tuta la tera degn d'es salvad imparché ol è un giusto, ol to sacrifizi n'ol sarà stait
fait par nagot... Oh no: no, alora no gh'è piú speranza,
at zet impropi ol cap di mat... at set un manicomi intrego! La zola voelta che ti me g'ha piazüdo, Jesus, l'è
stait la voelta che set rivat in gesa che i fasevan mercat
e t'è scomenzà a sfruntà tüti col bastun. Ohi che bel
ved... quel l'era ol to mestè... Miga ol crepà in crose par
ol salvamento! Oh Segnor Segnor... am vegn de piang...
a no créderghe, a piangi d'inrabit...

CAPO DEI CROCIATORI   Ohi Matazon, disgraziat! No tl'hait
anc'mo tirà a baso a quel? S't'hait fait cos'è infina adeso, a t'hait dormit?

MATTO   No che no g'ho dormit... g'ho üt dumà un ripen-
zament... A no vojo s'ciodarlo plu sto Cristo... a l'è mejor ch'ol resta in crose.

CAPO DEI CROCIATORI   Oh bravo, e magara adeso at vora-
reste indrio tüta la cavagna di ori e di dinari... ohi che
furbaso! ti g'ha mandadi a fare i fachini a torte sto Giüda impicat sojamente par farte 'na ridada? No, caro Matazon! Se ti voi indrio la tua roba, at la duarét venzer
de novo a i tarochi! Justa... a sta zola condizion.

MATTO   No, mi no g'ho voia de ziogar. Tegneve 'mpure
tüto... dinari, ori, oregini, che mi no ziogarò gimai plu
in sta vita... Ho vinzut par la prema voelta sta note, e
me g'ha bastat... Anco par un omo zol col sebia degno
ol val la pena de morir in croze! O se l'è mato... l'è mato, ol fiol de Deo!
Picà, picà tüti, l'era ol to mestè, tüti quei che fan mercat in gesa: lader, balos, impustur e fürbacioni: foera,
picà, picà!

DONNA Andate a fermarla, sta arrivando la sua mamma di lui, la beata Maria, non fateglielo vedere incrociato com'è che sembra un capretto scorticato che cola sangue a fontanella dappertutto come una montagna di neve in primavera, per questi gran chiodi che gli hanno piantato nelle carni delle mani e dei piedi, in mezzo alle ossa forate.

CORO Non fateglielo vedere!
Lei non si vuole fermare... arriva correndo disperata sul sentiero che in quattro non la possiamo tenere.

UOMO Se in quattro non la tenete, provate in cinque e in sei... lei non può venire, non può guardare questo figlio intorcigliato come una radice di olivo mangiata dalle formiche.

ALTRA DONNA Nascondetegli, copritegli almeno la faccia al figlio di Dio, che non possa riconoscerlo la sua mamma... le diremo che il crocefisso è un altro, un forestiero... che non è suo figlio di lei.

DONNA Io credo che anche se lo facciamo coprire tutto con un lenzuolo bianco il figlio di Dio, la sua mamma lo riconoscerà... basta che gli spunti fuori un dito di un piede o un ricciolo dei capelli, perché glieli ha fatti lei, la sua mamma, quelli.

UOMO Viene... è già qui la beata Maria... le farebbe meno dolore ammazzarla col coltello, piuttosto che lasciarle vedere il figlio! Datemi un sasso per tramortirla di colpo, che si rovesci per terra (cosí) che non possa guardare...

ALTRO UOMO State quieti, fatevi in là... o povera donna, che la chiamate beata... e come può essere beata con questa decorazione di quattro chiodi che gli hanno conficcato nella carne dolorosa, e ribattuto che uguale non si farebbe a una lucertola velenosa o ad un pipistrello?

DONNA State quieti, trattenete il fiato che adesso questa donna l'ascolterete gridare a tutta voce, come

PASSIONE
MARIA ALLA CROCE

DONNA   Andí a fermarla... l'è rent a 'gní la soa mama de
lü, la beata Maria, no faghel vardà incrusat 'me l'è che
ol pare un cavrett inscortegat che cola sangui a fonta-
nela par tütt 'me na muntagna de nev in primavera per
sti gran ciodi che g'han picat in ti carni di man e di pie
intrames a i osi sfurà...

CORO   No feghel vardà!
E no la se vol fermà... a la vegne corendo desesperada in
sül sentié che in quatro no la podemo tegnir...

UOMO   Se in quatro non la tegní, prové in sinque e in sie...
ei no la pol vegní, no la pol vardà sto fiolí intorsegà cumpagn 'me 'na radis d'oliva magnada di furmighi...

ALTRA DONNA   Quarceghe, covrighe almanco la facia al fiol
de Deo, che no l' posa arecugnosarlo la soa mama... ag
dirém che l'incrusat l'è un oltar, un foresto... che no l'è
ol so fiol de lé!

DONNA   Mi a creo che puranco al femo quarcià tütt con un
linzol bianco, al fiol de Deo, la soa mama ol recognu-
serà... abasta che ghe sponta de fora un dit d'un pie o un
rízzul dei cavej, imperché la g'l'hait fait lé, la sua mama, quei.

UOMO   La vegn... l'è chí loga la beata Maria... ag faria men
dulor masala de cultel, pitost che lasag ved ol fioll! Dem
un sass de trasmurtila d'un bott, che la se ruersa per tera, che no la poss vardà...

ALTRO UOMO   Stet quacc, fev in là... oh povra dona che la
ciamit beata... e cum la pol es beata con sta decurasion
de quatro ciodi che g'han picat in de la carna dolorosa a
rabatun, cumpagn che a no s'faria a una lüserta vene-
nusa o a un scurbatt?

DONNA   Stí quacc... mantegní ol fiat che adess sta dona la
scoltarí crià de toeta vos, compagn s'l'aves squartada

se l'avesse squartata il dolore, sgraziata: dolore di sette coltellate da spaccarle il cuore.

UOMO   Sta là ferma, non dice niente... fate che pianga almeno un po'! Fatela gridare, che debba scoppiare questo gran magone che le soffoca la gola!

ALTRA DONNA   Ascoltate questo silenzio, che gran fracasso che porta; e non serve coprirsi le orecchie. Parla, parla, di' qualche cosa Maria... oh, ti prego!

MARIA   Datemi una scala... voglio salire vicino al mio bene. Mio bene... oh, mio bello smorto figlio di me (mio), stai tranquillo mio bene, che adesso arriva la tua mamma! Come ti hanno combinato questi assassini, macellai: maledetti, porci rognosi! Venirmi a conciare il figlio in questa maniera! Cosa vi aveva fatto questo mio tontolone, d'averlo cosí in odio, da (essere) farvi tanto canaglie con lui... ma mi cadrete nelle mani: a uno a uno! Oh, me la pagherete, anche se dovessi venirvi a cercare in capo al mondo. Animali bestie disgraziati!

CRISTO   Mamma, non stare a gridare, mamma.

MARIA   Sí, sí, hai ragione... perdonami mio bene, questo baccano che ho fatto e queste parole da arrabbiata che ho detto, che è stato questo stretto dolore di trovarti imbrattato di sangue, spezzato qui, su questa trave, denudato, di botte pestato... bucato nelle mie belle mani cosí delicate, e i piedi... oh, i piedi, che gocciolano sangue, goccia a goccia... oh, dev'essere un gran male!

CRISTO   No mamma, non stare a preoccuparti... adesso, te lo giuro non sento piú male... mi è passato... non sento piú niente, va' a casa mamma, ti prego, va' a casa...

MARIA   Sí, sí, andremo a casa insieme, vengo su, a tirarti giú da queste travi, cavarti fuori i chiodi piano, piano. Datemi una tenaglia... venite a darmi una mano... aiutatemi qualcuno...!

SOLDATO   Ehi, donna, cosa fai lassú sopra alla scala? Chi ve l'ha dato il permesso?

MARIA   È mio figlio di me che avete incrociato (crocefisso)... voglio schiodarlo, portarlo con me, a casa...

SOLDATO   A casa? Ohi che premura, non è ancora frollo abbastanza, o santa donna, non è ancora ben stagionato! Bene, appena tira gli ultimi vi faccio un fischietto, e venite a prenderlo bello che impacchettato il vostro caro giovane... Contenta? Venite giú adesso...

MARIA   No che non vengo! Non lascerò passare qui, in questo luogo la notte a mio figlio, da solo, tutto solo a morirmi. E voi non potete farmi questa prepotenza, ché io sono la sua mamma di lui, sono la sua mamma, io!

ol dulor, 'sgrasiada: dulor de sete culteladi a spacag ol cor...

UOMO   La està lí ferma, la dis nagot... Fit che la piangia almanco un poc! Fila criar, ch'el s'abia de s'ciopar sto gran magon che ghe suféga ol goz.

ALTRA DONNA   'Ntendíu, stu silensi che gran frecass ghe mena; e nol val cuerciase i uregi. Parla, parla: dig quai coss, Maria... ohi te pregit.

MARIA   Déime 'na scala... a voi montarghe a renta al me nann... Nan, oh 'l me belo smorto fiol de mi, stait seguro, me ben, che 'des la riva la toa mama... Come i t'han combinat sti assasit becari. Maleditt purscel rugnusi! 'Gnim a cunsciam ol fiol de sta manera! Cosa ol 'veva fait, sto me tarloch, de véghel inscí a scann de fav tanto canaja con lü... Ma am burlerí in ti mani: a vün a vün! Oh m'la pagarí, anc' duarisi 'gniv in cerca in capp al mund, 'nimal besti sgrasiò!

CRISTO   Mama, no stat a criar, mama.

MARIA   Sí, sí, at gh'et rason... pardúnam, ol me nan, sto burdeleri c'ho fait e sti parol d'inrabit che hu dit, ch'l'è stait stu strench dulur de truvate impatacat de sangu, s'ciuncat chí loga sü ste trave, sbiutat, de bott pestà... sbusà in de' i me bej man si delicat, e i pie... oh i pie, che gota sangu, gota a gota... ohj che dua es gran mal!

CRISTO   No mama, no sta' a casciat... des, t'el giüri, no senti pí mal... ol m'ha pasat. No senti pü nagota, va' a ca' mama, te pregi... va' a ca'!

MARIA   Sí, sí anderem a ca' insema, 'egni sü, a tirat giò de ste trave... cavarte fora i ciodi piano pian... dîm un tenaj... 'gnim a dam 'na man... aidém quaicün...

SOLDATO   Ehi dona, o s'te fait lí loga de soravía a sta scala? chi v'l'ha dait ol parmes?

MARIA   A l'è ol me fiol de mi ch'avit incrusad... al voi s'ciodal, purtal cun mi a ca'...

SOLDATO   A ca'? Ohj che premura, no l'è anc'mo froll asè, o santa dona, no l'è anc'mo ben stagionat. Boj, 'pena che ol tira i ültem, av fo un fis'cet e gní a teul bela che impachetà, ol vos car zovin... cuntent? 'Gni' giò 'des.

MARIA   No che no' vegni, no' lasarò pasà chí loga la nott ol me fiol de per lü suleng a murime! E vui no podí miga fam sta preputensa, che mi a son la sua mama de lü, son la sua mama, mi!

SOLDATO   Bene. Adesso me le hai gonfiate a sufficienza, cara la mia mamma di lui: faremo come quando si scrollano le mele, volete vedere? Darò una bella scrollata a questa scala: e verrete giú a tonfo come una bella pera matura.

CRISTO   No! Oh, ti prego, soldato, che sei buono e caro! Fai a me quello che vuoi: scrolla la croce fino a lacerarmi le carni delle mani e le ossa, ma alla mia mamma... ti prego, non farle male.

SOLDATO   Avete sentito, cara mia padrona, quante sono le ore? Cosa devo fare? Per me è lo stesso lavoro: o scendete voi, e in fretta da questa scala, oppure io scrollo la croce.

MARIA   No, no... per carità... aspettate che sono già giú... guardate, sono qui ai piedi della scala.

SOLDATO   Oh, l'avete capita alla fine questa ballata, o donna benedetta... e non guardatemi con questi occhi da bruciarmi: io non ho colpa alcuna, se il giovane si è presa questa posizione scomoda di stare con le braccia allargate... oh che non ho pena di voi? che non conosco io, il luccichio di lacrime sanguinanti che vi sudano giú dagli occhi? È ben questo un dolore di madre! Ma non ci posso far niente, che io sono comandato che vada fino all'ordine questa condanna, sono condannato a farvi morire il figlio, o bene altrimenti, lassú, me attaccheranno, con gli stessi suoi chiodi.

MARIA   O buon soldato cortese, tenete, vi faccio un presente di questo anello d'argento, e di questi orecchini d'oro... tenete, in cambio di un piacere che mi potete concedere.

SOLDATO   Quale sarebbe questo piacere?

MARIA   Di lasciarmi pulir via il sangue, a mio figlio, con un po' d'acqua e uno straccio, di dargliene un po' per inumidirgli le labbra spaccate dalla sete...

SOLDATO   Niente di piú di queste sciocchezze?

MARIA   Vorrei anche che prendiate questo scialle e andiate sopra la scala a metterglielo attorno alle spalle, di sotto le braccia, per aiutarlo un po' a restare attaccato alla croce...

SOLDATO   O donna, gli volete male al vostro giovane dunque, se lo volete mantenere piú a lungo in vita a farlo soffrire di questi tremendi dolori. Nei vostri panni, farei in modo che morisse subito al piú presto, io!

MARIA   Morire? Dovrà giusto venire morto questo caro mio dolce? Morte le mani, morta la bocca e gli occhi... morti i capelli?... Ohi, che mi hanno tradita... Oh Gabriele, giovane dalla dolce figura, con la tua voce da viola innamorante, per primo tu, tu mi hai tradito da truffatore: sei venuto a dirmi che

SOLDATO   Bon! 'Des me t'l'hait sgionfade a sufficit, ohj
cara la mia mama de lü: agh farem com quand a's croda
i pomi, voj vedar? agh' darò na bela scurlada a sta scala,
e 'gnirí giò de stónfete 'me un bel perot marügu.

CRISTO   No, oh te pregi, soldat, che ti è bon e caro! Fame
a mi quel che ti vol: scorla la crose de me scarparme i
carni e le man e i osi, ma a la mia mama... te pregi, no
farghe mal!

SOLDATO   Hait sentit, la mia patrona, quant inn i uri? As
g'ho de fà? Per mi l'è ol stess laoro: o sciabatí vui, e de
presia, de sta scala, o mi scorli la cruse...

MARIA   No, no... per carità... pecí che son già giò... vardí
son chí abas la scala.

SOLDATO   Oh! l'intendíu al termin sta balada, o dona benedetta... E no' vardí a mi, cun sti ogi a brüsatàm, che
mi no ghe n'ho colpa niuna se ol zovin ol s'ha catat sta
posision iscomuda de stag coi brasc slargadi... ohj che no
g'ho pena de vui? che no cognosi mi, l'isbarluscià di la-
greme sanguagnenti ch'av süda giò di ogi? Sa l'ha estu
on dulor de madri! Ma ag podi fag nagot... che mi sont
comandat che vaga fina a l'orden sta cundana, sont con-
danat a fav murí ol fioll, o ben, de cuntra, lí loga, me
picheran su mi co' i stes so ciodi.

MARIA   O bon suldat curtes, tegní, av fo un presenti de
quest'anel d'argenti, e de sti uregiti d'ori... tegní, in
cambi d'un plager ch'am pódit cunced.

SOLDATO   Ol saria stu plager?

MARIA   De lasàm netàg via ol sangu, al me fiol, cont un
poc d'acqua e un strasc, de daghen un poc de 'nbiasegass
i lavri s'cepat d'la set...

SOLDATO   Nagot de pü che sti cialadi?

MARIA   Vuraría anc'mo che catí stu scial e andít de suravía a la scala a metighel inturna a i spale de sota a i brasc,
de aidàl un poc a stà tacat a la cruse...

SOLDATO   O dona, ag vursít mal de cuntra al vost zovin
donca, s'ol vursít guarnal pí loga in vita a fal sgraní di
sti tremend duluri. Al pagn de vui, faria mesté ch'ol
moera sübet al pü presti, mi!

MARIA   Murí? Ol duvrà giüsta 'gní morto sto car me dolce? Morte le man, morta la boca e i ogi... morti i cavej?... Ohj, che m'han tradit... Ohj Gabriel, zovin de
dulza figura, con la toa vose de viola inamorosa p'ol prim
ti, ti m'hait tradit de malorgnon: te set 'gní a dime che

sarei diventata Regina io... e beata, felice, in testa
a tutte le donne! Guardami, guardami qui come sono a pezzi e sfottuta, l'ultima donna al mondo mi
sono scoperta! E tu... tu lo sapevi nel portarmi
«l'annuncio» che fa sciogliere dalla commozione,
di farmi fiorire nel ventre il figlio, che sarei diventata di questo bel trono Regina! Regina con il
figlio gentile e cavaliere con due speroni fatti con
due gran chiodi piantati nei piedi! Perché non me
lo hai detto prima del sogno? Oh, io, stai sicuro,
io non avrei voluto essere riempita, no, giammai a
questa condizione, anche se fosse venuto il Dio padre in persona e non il piccione colombo suo spirito beato a maritarmi...

CRISTO   Mamma, o che il dolore ti ha fatto diventar
matta che bestemmi? Che dici cose senza cognizio-
ne? Portatela a casa, fratelli, prima che abbia a ro-
vesciarsi là, riversa e stravolta.

UOMO   Andiamo Maria, fate consolato (contento) il
figlio di voi, lasciatelo in pace.

MARIA   No che non voglio! Perdonatemi... lasciatemi
stare qui vicino a lui, che non dirò piú neanche una
parola contro suo Padre, contro nessuno. Lasciatemi... oh, fate i buoni!

CRISTO   Ho da morire, mamma, e faccio fatica! Ho da
lasciarmi andare, mamma, consumare il fiato che
mi mantiene (in vita)... ma con te qui vicino che ti
strazi non sono capace, mamma... e faccio piú fatica...

MARIA   Ti voglio aiutare, mio bene, oh, non cacciar-
mi via! Fa' che ci soffochino insieme, madre e figlio,
che ci mettano abbracciati tutti e due in una tomba
sola!

SOLDATO   Ve l'ho detto, sacra donna! Non c'è che un
mezzo se volete farlo contento: ammazzarlo di colpo!... Voi prendete svelta quella lancia laggiú ap-
poggiata, noi soldati faremo finta di non starci con
gli occhi (di non guardare), andate di corsa sotto la
croce e piantategli con tutta forza, di punta, la lancia nel costato, a fondo nel gozzo, e, di lí a un momento, vedrete, si schianta il Cristo e va a morire.
(La Madonna cade a terra). Cosa vi succede? Com-
'è che è svenuta se non l'ho neanche toccata?

UOMO   Allungatela là... fate piano... e andate via d'attorno, che abbia a prender fiato...

DONNA   Qualche cosa per coprirla, che ha i tremiti
del freddo...

ALTRO UOMO   Io ho dimenticato il mio mantello...

UOMO   Fatevi in là, aiutatemi ad allungarla...

ALTRO UOMO   E adesso state quieti e lasciatela riposare.

saria gnü Rejna mi... e beata, jucunda a cap de toeti i doni. Vàrdum, vàrdeme chí loga me sont a tochi e sberlüsciada, l'ultima dona al mundo me sont discoverta! E ti... ti ol savevi in del purtame ol nünzi deslinguent de fam fiurí in t'el ventar ol fiolí, col sares gnü a sto bel tron Rejna! Rejna col fiol zentil e cavajer con doj speroni fait con doj gran ciodi impiantat ai pie! Perché no te m'l'hait dit avante ol sogn? Oh mi, te sta' seguro, mi no avaria vorsüdo ves pregnida, no gimai a sta cundision, teut-anc füss gnü el Deo patre in t' la persona, e no el piviun colombo so spirito beat a maridame...

CRISTO   Mama, o che ol dulur ol t'hait trat föra mata che ti biastemi? Che diset robe senza cognizion?... Menila a ca', fradeli, prima che l'abia a rabatarse là ruersa e strepenada.

UOMO   'Ndem Maria, fait consulat ol fiol de vuj, lasel in pase.

MARIA   No, che no voj! Perdoneme... lasème istà chí loga arenta de lü, che no dirò pü nanca na parola incontra de so patre, incontra de njuno. Lasème... oh feite bon!

CRISTO   Hoi de murí, mama... e fag fadiga. Hoi de lasarme andar, mama, sconsumar ol fiat che me mantegne... ma con ti chí loga a pres ch'at strazii, no son capaze, mama... e fo pü gran fadiga...

MARIA   Te voj aidar, me ben, oh no casarme via! Fait che ne sofega insema matri e fiol e che ne mett imbrasat toecc e doj in una tomba sola.

SOLDATO   V'l'ho dit, oh sacra dona! Ghe n'è che un mezi, se ol vursí fai contentu: masàl de bota. Vuj: cateve in prescia quela lanza lí loga impugiada, nünc suldat a farem mostra de miga stag co' i ogi... 'ndit de corsa sota via la crose e pichíghe a tüt picà de punta cun la lanza in del custat a fund in dol gozz, e de lí a un mument, vedrit, se s'ciunca el Crist, e ol va a murir. (La Madonna cade a terra) O s' ve pasa? O s' l'è svegnuda che no l'ho gnanc tucada?...

UOMO   Slonghela lilè... fait pian... e 'nde via d'intorna che la g'abia a tor fiat...

DONNA   Quajcosa de recuvrirla... ch'la g'ha i tremuri del frecc...

ALTRO UOMO   Mi g'ho desmentegat la mia gabana.

UOMO   Fev in là, aidème e slungala.

ALTRO UOMO   E adess stiv quacc, lasela repusà.

MARIA (*come in sogno*) Chi sei laggiú, bel giovane,
che mi sembra di riconoscerti? Cos'è che vuoi da
me?

DONNA Va sonnambula (parla nel sonno), donna
smarrita... ha le visioni...

GABRIELE Gabriele, l'angelo di Dio, sono io quello, vergine, il nunzio del tuo solitario e delicato
amore.

MARIA Torna ad allargare le ali, Gabriele, torna indietro al tuo bel cielo gioioso, che non hai niente
da fare in questa schifosa terra, in questo tormen-
tato mondo. Vai, che non ti si sporchino le ali dalle piume colorate di gentili colori... non vedi fango
e sangue, sterco di vacca, è tutto una cloaca? Vai,
che non ti si spacchino le orecchie tanto delicate
con questo gridare disperato e i pianti e l'implorare
che cresce da ogni parte. Vai, che non ti si consu-
mino gli occhi luminosi nel rimirare piaghe, croste
e bubboni, e mosche e vermi fuori dai morti squar-
ciati. Tu non sei abituato, che in paradiso non ci
sono rumori né pianti, né guerre, né prigioni, né
uomini impiccati, né donne violate? Non c'è né fame, né carestia, nessuno che suda (per il lavoro) a
stancarsi le braccia, né bambini senza sorrisi, né
madri smarrite e scure (per il dolore), nessuno che
peni per pagare il peccato (originale) vai, Gabriel,
vai...

GABRIELE Donna addolorata... che perfino nel ventre
t'ha strappato il patimento, oh, io lo conosco chia-
ramente questo tormento che ti ha preso guardando
il Signore giovane Dio inchiodato... In questo momento vengo a conoscerlo anch'io (al) pari di te.

MARIA Lo conosci al pari mio, pari a me? L'hai avuto tu, Gabriele, nel ventre ingrossato, il mio figlio?
Hai morso tu le labbra per non gridare di dolore
nel partorirlo? L'hai nutrito tu? Dato il latte dalla
mammella tu, Gabriele? Hai sofferto tu, quando è
stato ammalato con la febbre, le macchie della rosolia e le notti in piedi a ninnarlo (quando) che
piangeva per i primi denti? No, Gabriele? Se non
hai provato queste bagatelle, non puoi parlare d'a-
vere il mio dolore in questo momento...

GABRIELE Hai ragione, Maria... perdonami questa
presunzione, che me l'ha dettata lo strappacuore
che ho dentro (tanto) che mi figuravo di essere in
cima ad ogni patimento. Ma io vengo a ricordarti
che sarà proprio questa tua canzone, pianta senza

MARIA (*come in sogno*) Chi set lilò, bel zovin, ch'am par aricugnuset? Cos l'è che at voit de mi?

DONNA La va in strambula, dona smarida... La g'ha i visiun...

GABRIELE Gabriel, l'angiol de Deo, sont mi quelo, vergen, ol nünzi d'ol to solengo e delicat amor.

MARIA Torna a slargat i ali, Gabriel, torna indré al to bel ciel zojoso che no ti g'ha niente a far chí loga in sta sgarosa tera, in stu turmento mundo. Vaj che no te se sburdéga i ali de piume culurade 'e zentil culuri... no ti vedi fango e sangu e buagna, mestà e la spüsenta d'partüto?

Vaj, che no te ne sbreghi i oregi tant delicat co sto criar desasperato e i plangi e ol plorar che crese in omnia parte.

Vaj, che ne te se sconsuma i ogi lüminosi a remerar piaghe e croste e bugnoni, e mosche e i vermeni fora dai morti squarciadi.

Ti no t'è abitüat, che in d'ol paradis no g'hai rumor ni plangi, né guere, ni preson, ni omeni impicadi ni done violade!...

No gh'è ni fam, ni carestia, njuno che süda a stracabrasci ni fiolí sanza surisi, ni madri smaride e scurade, njun che pena per pagà ol pecat! Vaj, Gabriel, vaj...

GABRIELE Dona indulurada... che fin 'n d'ol venter t'ha scarpada ol patiment, oh, mi ol cognosi ciaro sto turment che t'hait catat mirand ol segnor zóvin deo inciudat... in sto mument 'egni a cognusel anc mi, de pariment.

MARIA Ol cognoset de pariment... de pariment a mi? Ah, l'hait ü ti, Gabriel, in dol venter grosí, al me fiol? At n'è sgagniat ti i labri par no criar di dulüri 'nd'ol parturíl? At l'hait nutregat ti? Dait de teta ol latt, ti, Gabriel?

Hait soffregà ti, quand l'è stait malad con la fever, i macc de la rosolia e i noti in pie a ninàl c'ol piangeva pei prem denci? No. Gabriel, si no hait scuntat ste bagatele, no podet parlà d'aveg ol me dolori in sto mument.

GABRIELE At gh'hait reson, Maria... perdoname sta presonzion, che m'l'ha g'ha detat ol strapacore che g'ho in de dentro, che m' figürava ves in punta o omnia patiment.

Ma mi egni recurdat che ol sarà propi sta tua canzon

voce, questo lamento intonato senza singhiozzi,
questo sacrificio tuo e del caro figlio di te che farà
squarciare il cielo, che possano gli uomini river-
sarsi per la prima volta in paradiso!

plangida sanza vose, sto lamento intonat sanza singülti,
sto sacrifizi to e del caro fiol de ti c'ol farà squarciarse
ol ciel, che poda i omeni reversarse par la prema volta
in paradis!

Indice

Mistero buffo

Testi della Passione

Stampato nel gennaio 1998 per conto della Casa editrice Einaudi
presso G. Canale & C., s.p.a., Borgaro (Torino)

C.L. 14831

Einaudi Tascabili